あたらしい生き方

ひげおやじ
ひろゆき
［西村博之］

扶桑社

はじめに

ひろゆき（西村博之）

本書を手にされた、あなたに質問です。

例えば、税金をほとんど納めていない人がいたとします。その人が税金で整備された道路を使うことを控えたり、税金で成り立っている警察に頼ることを控えるべきだと思いますか？

ほとんどの人が「いいえ」と答えるでしょう。もしくは「そんな話は聞いたことがない」と答える人もいると思います。それは、税金を納めていない、もしくは納税額が少なくても、税金による公共サービスを享受するのは国民として当たり前であるという考えがあるからですね。

でも、税金を使った公共サービスなのに多くの人が利用することを躊躇するものがあります。

生活保護です。

日本では生活保護水準の生活をしている人の2割しか生活保護を受給してい

ないと言われています。一方で世界に目を向けると、イギリスやドイツでは、そうした人のうち9割が生活保護を受給していると言われていたりします。

日本では生活保護が受給できるにもかかわらず、生活保護を受給しないという選択をする人の割合が他の国と比べて圧倒的に多い、珍しい国だったりするのですね。

世間からの目が痛いという考えがあるのかもしれませんし、後ろめたさから遠慮している人もいると思います。それが無職ともなれば尚更のこと。事実、日本には無職でいることや生活保護を〝卑しいもの〟と考えている人も少なくないと思います。

でも、本当にそうなんですかね？　単に生活保護になじみがなく現実味もなかったり、実感が湧かないだけの可能性もあるんじゃないですかね？

ということで、「仕事をしない」という選択をした無職の人や「仕事に就けない」という、選択肢もないまま無職になった人たちから無職のエピソードを集める「天下一無職会」というオンラインイベントを不定期で開催してみました。

すると世の中にはいろんな無職がいて、無職を楽しめる人もいれば、無職を楽しむ方法もあることが見えてきました。無職を否定している人も、無職という選択をすることに迷っている人も、それらを理解してもらえれば社会に対するとらえ方が変わってくるんじゃないかなぁ……と思うのです。

「そんなことをして煽ったらみんな働かなくなるだろ！」とか、「国が崩壊する！」とか考える人もいると思います。

でも、無職として生きるには、無職としてのスキルや強さ、つまり「無職の才能」が必要だったりします。ともすれば、無職よりも働いたほうが幸せという人も少なくないというか、むしろ多い可能性すらあると思うのです。

そもそも僕は無職という新しい生き方を選択する人が増えたほうが、結果として日本に良い状況をもたらすのではないかと思っていたりもします。むちゃくちゃなことを書いているように思えるかもしれませんが、僕は大真面目にそう感じています。

その理由は……、きっとこの書籍を読み終わったときにわかってもらえていると思いますよ。

あたらしい生き方　目次

第二回 天下一無職会

第六回 天下一無職会　191

ひろゆき × ひげおやじ

スペシャル対談

vol. 1

生活保護費は、本当にあなたの税金ですか？

職業で善悪を分けるのは間違い？

ひげおやじ　世の中「無職になること＝悪」になっている部分ってあると思うんですよ。罪悪感というか将来への不安や怖さがあって、みんな我慢して働いていて、それで病んでしまう人もいる。「天下一無職会」って、そういう人たちの気持ちを少しでも緩和できたらなと思って開催したんだよね。本当は仕事を休みたいし会社を辞めたいと感じている人も多いと思うから。

ひろゆき　そういう人もいるよね。無職の人で面白いエピソードのある人は働き盛りの20～30代が多いし。どうしようもないガチ無職は50代が多いけど。

ひげおやじ　そうかもしれない……。

ひろゆき　ガチ無職の人は生活保護以外に選択肢がなくて、何とかしなきゃいけないと思っても、履歴書が真っ白であることに気がついてヘコむと。

ひげおやじ　また、そんなガチ無職の人たちが希望の持てないことを……そういう人も、この本を読んでくれるのかね？

ひろゆき　むしろ、この本を50代の無職の人たちに読んでもらって、無職っていうものの本質を知ってもらえるといいよね。

ひげおやじ　そもそもだけど、僕は無職になることには肯定的だしね。

ひろゆき　僕は無職・有職に肯定とか否定は特にないかな。どんな職業だろうと別にかまわなくて、例えば、無職がブログ書いて得る収入も、家がお金持ちでもらえるお小遣いも、額面が同じなら一緒。そうした状況があるのだから肯定すべき／否定すべきという切り分けがないと思っている。例えば、親がめちゃくちゃ金持ちです。何もしていません。でも毎月15万円お小遣いもらえています。

ひげおやじ　それは僕のこと!?（笑）

ひろゆき　いやいや（笑）。でも、それを無職と呼んでも、別に親からお金をもらっていて生活ができているならバイトをする必要もない。それで彼女でもいて幸せなら何の問題もないわけで。そもそも論として、職業で善悪を分けるのは間違っているんじゃないかな。

ひげおやじ　話していることのニュアンスはわかるし、基本一緒。でも、僕はもうちょっとポジティブかな。ひろさんはある意味、どうでもいいということ？

ひろゆき 「どうでもいい」とは言っていない。

ひげおやじ 違うのね。そういう意味でいえば、ひろさんはフラット。僕はポジティブ寄りのフラットで全肯定。なんでかというと、「天下一無職会」に応募してくださる方ってみんな面白くて明るくて前向きだから、そのまま突っ走っても全然いいと思う。「日本には勤労や納税の義務がある」と怒る人もいるけどね。

ひろゆき 納税の義務は収入がある場合に納税する義務であって、収入がない人の義務ではない。子どもがいない人は、教育を受けさせる義務を果たしていないのと同じだよね。

ひげおやじ 勤労の義務も、別に対価をもらうことが勤労であるという定義は特段ないわけだからね。

ひろゆき 孫の世話をしているとか、近所でNPO活動をしている人に「おまえら勤労してねえだろ」と言うのも違う。勤労とはなんぞやという話だよね。現在の段階で理解されない誰かの役に立つことをしていたとしても、例えば、ゴッホみたいに100年後に偉人になることもある。

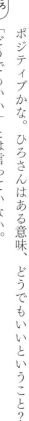

ひげおやじ　それは、ゴッホは勤労だったということ？

ひろゆき　ある意味で。存命当時は絵を描き続けたしね。結果、後世では莫大な価値を生んだけど当時は全く理解されず、絵も2枚しか売れなかったけど。そもそも「月給をもらうのが勤労である」というのに誤解があるんじゃないかなと。

ひげおやじ　「憲法があるんだから、こいつは義務を守ってない」と思うこと自体が最初から誤解という話だよね。

ひろゆき　要は無職が悪として咎められるべきなのかということ。そりゃ世間一般的には無職に対しての圧力はあると思う。ただあくまで憲法上の話であって、倫理やモラルの話だと今のところ別に何の問題もないと思うのね。

ひげおやじ　働かないとモラルがないと言われたりするけど、実際に何がお金を生み出すのかはわからないしね。僕自身も最初は今の仕事でお金をもらうつもりはなかったし。そもそもボランティアでお給料は要らないよ、ということで始めたのが、いつの間にかやることが増えて、「それだと会社的に……」みたいな話からお金をもらうようになったわけだし。逆にお金を稼ぐことを目的にしてしまうと面白いことはできなくなると思う。理想は面白いことをして結果的にお金につながること。そういう理想を追いかける余地を社会の中につくれるほうがいいんじゃないかなと思う。

子どもの非認知能力を育むことも労働である

ひろゆき　全然違う話になるけど、こういう話になるのって、男女雇用機会均等法が悪いと思うんだよね。

ひげおやじ　関わりたくない感じの話だなぁ(笑)。

ひろゆき　戦後、専業主婦に対して、「彼女たちは勤労していない」と言ってた人がいたのか？　と。そんな世論はなかったと思うし、たぶん働く女性が多数派の時代になって、「あれ？　専業主婦って働いていない？」という世論が初めて形成されたと思うんだよね。そもそも女性が働き始めるのは1980年代後半の男女雇用機会均等法が始まってから。それまで日本では女性はあまり外に働きに出ず、家庭にいることが当たり前だった。

ひげおやじ　月給をもらっていない人が悪いという流れになったのは、スゴく最近の話ってことだよね。もっとさかのぼれば狩猟生活の時代、狩りは男の仕事で、家を守るのが女の仕事だった。

ひろゆき　業務、家内制労働、家事、何を仕事と呼ぶのか。それをやっても給料を得られないから無意味であるという感覚や考え方が、間違いではないかな。対価が発生して誰かからお金をもらうことが仕事であって、それ以外は仕事ではないという決めつけは、たぶんそのころに生まれたんだと思う。

ひげおやじ　それはあるかもね。フランスはどうなの？

ひろゆき　パリだと、専業主婦は1割くらいで金持ちの奥さんとかが働かないくらいかな。

ひげおやじ　そんなに少ないの？　みんな何かしら働いているの？

ひろゆき　圧力というより文化的に働くのが普通という。日本の場合って、配偶者でも年金がもらえるけど、フランスにはないし。

ひげおやじ　じゃあ、離婚したら年金がなくなると。だから先のことを考えて、自分でちゃんと稼ぐのが普通になる。

ひろゆき　そう。もちろん働いても収入が少ない人もいるけど、そういう人はベビーシッターを1時間1ユーロぐらいで雇える制度があるから働きやすい環境は用意されているの。

ひげおやじ 日本もフランスみたいになるべきなのかな？

ひろゆき うーん……どうだろう？　働きたい人は働く、でいいのかな。

ひげおやじ 僕は働きたくない。

ひろゆき 「別に対価を得る労働をしなくていいのに」と思っている人で、働かないって選択肢を本人が選ぶなら、どっちでもいいと思う。

ひげおやじ ああ、なるほどね。

ひろゆき 例えば、子育てにおいて、5歳までに母親が子どもと一緒にいる時間の長さと子どもの非認知能力には、相関があるのではないかと言われていて。ガマン強さや集中力、何か一つのことを一生懸命成し遂げようとする力とかコミュ力とか、そういったテストの点数には表れない能力がある人のほうが割と社会で成功するというのがあるんだよね。

ひげおやじ そういう話は一応あるよね。でも、それって先天的に、ではなく後天的な話なのかもね？

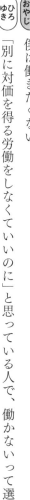

ひろゆき 後天的だと思うよ。例えば、親からネグレクトを受けていた子どもは、周りと会話をしなくなる傾向がある。すると、コミュ力や言語能力が低いから、小学生になっても会話の方法や暴力がいけないという理由がわからない。

ひげおやじ それは後天的だね。たしかに周りに親や兄弟がいると、殴ったら殴り返されたりするから、相手が何をされたら嫌かを理解する能力が自然と身についたりもするし。

ひろゆき 相手がどう思っているのかを考える能力を育てるのは、その後の人生において重要。なので、非認知能力が育つまでは働かずに子どもと一緒にいることも重要なことだと思うし、それが最終的に労働力を生むことにつながる。ただそれを労働や勤労と呼ばないのは違うんじゃないのかな？

ひげおやじ 理解はできるし、とても重要なことだとも思うし論理的でもある。でも、僕のなかでは勤労というのはお給料をもらうことという認識が、やっぱり強くあったりもするんだよね。そういう意味では僕の考えのほうが浅いし頭が固いのかもしれない。

低収入でも生活していく術

ひげおやじ　お金を稼がないと生活できないと思ってしまう人もいるよね。

ひろゆき　できる・できないの問題ではなく、できないと思い込むかの問題な気がする。例えば、過去には核家族は存在しなくて、『サザエさん』のような二世帯三世帯同居が当たり前だったけど、今は結婚したら家を出て、子どもが生まれたら3人が生活する家賃と生活費を払い続ける必要がある。都内で生活するなら……。

ひげおやじ　都内で小さな子どもと専業主婦の家庭がある男性の年齢を30歳とすると、手取りは25万～30万円とか？

ひろゆき　25万円で普通に生活しなければならない社会システムが存在するってことだよね。でも、実家に住めば家賃はゼロだから、みんな実家に住めばいい。わざわざ地方から東京に出てこなくてもいい。東京で就職できて20代から年収500万円もらえる人は好きにすればいいけど、平均年収はそこまでいかない。それなら東京より給料が月5万円減ったとしても、地方の実家住まいのほうが生活は安定する。むしろ地方では結構当たり前。自分の部屋があれば一人暮らしの必要もない。実家に居着いて、子どもが増えて手狭になったら庭にプレハブ小屋を建てるとかでもいいわけで。

ひげおやじ　ちょっと昔はご両親と同居するのが当たり前だった時代も普通にあったわけだからね。僕らの親世代も、実家で祖父母と一緒に住んでいたりもしたし。

ひろゆき　農家とかによくあるパターンで、「三ちゃん農業」とかは同じ家におじいちゃん、おばあちゃん、子どもが住んでいることが普通。これがAパターン。

ひげおやじ　じゃ、Bパターンは？

ひろゆき　生活保護。

ひげおやじ　それ、よく言うよね。まあ、正解だとは思うけど。

ひろゆき　都内23区で生活保護だと、仮に30代夫婦と子ども一人の家族なら受給額は20万円超え。そこから家賃分を引いても、13万円とか14万円ぐらい残ると思うんだよね。

ひげおやじ　そんなに残るか!?

ひろゆき 生活保護は一人暮らしの場合、家賃分5万円＋生活費7万円ぐらいなので12万〜13万円とか出る。そこに妻と子どもがいると、合計20万円超え。働かなくてもそれなりのお金が入って、誰にも迷惑をかけないならそれでいいじゃん。

「生活保護費は税金だ」は、本当にあなたの税金か？

ひげおやじ でも、その生活保護に対して「それ、俺らが支払った税金やで？ 無駄遣いするな！」と言う人も出てくるよね。

ひろゆき 生活保護のお金を「俺の税金」と言える日本人がどれくらいいるのかと……。

ひげおやじ それ言うかー。嫌だ、聞きたくない。僕の税金から生活保護費は出ています(笑)。

ひろゆき もちろん、出している人はいる。でも、日本の国家予算が120兆円超えとして、国民を約1億人とすると年間一人当たり100万円以上の税金を納めていない人は、逆に言えばみんなお荷物。

ひげおやじ まぁ、単純に計算するとそうなるのか。

ひろゆき　「俺が払った税金でおまえらが食ってんだろ」というのは、自分がちゃんとそれ以上の税金を納めて、さらに余剰分が誰かの支払いに回されている人が言うべきだからね。1000万円の税金を負担している人なら、家族3人として300万円までが自分たちの税金。残りの700万円で生活保護費を払っていると言えるけど。年間に300万円の税金を負担していない人は一緒だよ。

ひげおやじ　だから、ひろさんとか堀江（貴文）さんは口が悪くなっていくのか（笑）。

ひろゆき　いや、僕は個人では日本には納めていないから。

ひげおやじ　え⁉　税金納めていないの？

ひろゆき　ほら、フランスに住んでるから。

ひげおやじ　ああ、そっか。税金を300万円としたら……年収800万円くらい？

ひろゆき　住民税と所得税を3割として240万円が税金。残り560万円を全部使って消費税を10％納めたとして税金が56万円。合計しても300万円弱。

ひげおやじ　つまり、専業主婦と小さな子どもを抱える人は、年収800万円ぐらいまでだと税金から生活保護費は出ていない。

ひろゆき　正確にはわからないけど、それを超えていない人は「俺の税金から生活保護費が」と言う資格はない。

ひげおやじ　なるほど……じゃあ、僕もお荷物になろっかな。

無職に対する憤りの正体

ひろゆき　無職や生活保護の人へのネガティブな意見って、自分の人生の不幸からくるものなんじゃないかと思う。

ひげおやじ　金持ちけんかせずだしね。例えば、年収1000万円以上ある人は、比率として生活保護の人に対して憤る人はかなり少ない気がする。

ひろゆき　うん。むしろ年収400万円ぐらいがいちばん怒るんじゃないかな？　生活保護受給者が使える額と自分たちの可処分所得に差がなくなるから。

ひげおやじ　自分はこんなにつらいのに、楽しそうにしているように見えちゃうとね。無職で生活保護自慢をネットで喧伝している人が調子に乗ってるように見えたりさ。たぶんエンタメでやっていると思うんだけど、それを真に受けて自分の気に入

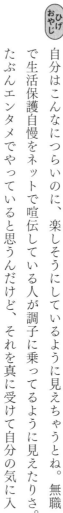

らない部分だけをフォーカスして怒っている気がする。でも、無職の人と仲良くなると、そんなことは1ミリも思わないはず。

ひろゆき 嫌韓の人とかと同じだよね。韓国はよくない国であると考える人は、だいたい韓国人の友達がいない。韓国人の友達がいると、いい人もいれば嫌な人もいるってわかる。

ひげおやじ そうそう。いいやつもいれば、悪いやつもいる。だから生活保護受給者にもいい人もいれば、本当にクソな人も一定数いるというね。

ひろゆき そもそも日本人の平均年収を超える仕事なら働けばいいし、むしろ平均年収よりも低い仕事だったら、やらないほうがいいぐらいだと思うよ。

ひげおやじ あ、そんなに強気なんだ。僕の考えは少し違っていて、働きたきゃ働けばいいだけ。自由に選べばいいくらい。

経済を回して少子化に貢献するリソースと考える

ひろゆき　生活保護の人たちがいることで、子どもたちの世代に残すものが減るという声もあるけど、少なくとも生活保護の人たちは受給したお金を貯められなくて、全て消費されるから、基本的に日本国内にお金は落ちるんだよね。

ひげおやじ　理論上はそういう話になるよね。経済もそれで回ると。

ひろゆき　現在、生活保護と年金をもらっている人は30〜40%ぐらいいるんだっけ？

ひげおやじ　そんなに？　でも、高齢者が3割だからそうなるか。

ひろゆき　だから30%ぐらいの人たちは、実はある種、税金で暮らしていると仮定できる。その3割の人たちが、国内に落とすお金がゼロになったら経済は成立しますか？

ひげおやじ　それは無理でしょう。むしろ、そういう生活保護の人たちのほうが割と消費してものを買ってくれそうなイメージがあるし。もちろん、贅沢品とかは買えないからその分野には貢献しないけど、生活に直結するものにお金が落ちると。

ひろゆき　そう。そういう人たちがいるおかげで、割と回っている商売もある。しかも生活保護で暮らしている人たちの中にも子どもを育てている人がいたりする。

ひげおやじ　うん、そうだね。

ひろゆき　20代で生活保護の人たちのほうが、子どもを産む可能性はある。働いていても給料が低い時代なら、生活保護をもらって子どもをつくったほうが、長期的に見て少子化対策にはいいんじゃね？　と思ったりするの。

ひげおやじ　なるほど。でも、それは誰が補填してくれるの？

ひろゆき　後々の人たち。

ひげおやじ　将来的に回収する？　ひろさんの話は、言い方は悪いけど生活保護でも子どもが増えれば将来的な労働力になるってことでいいのかな？

ひろゆき　ざっくり言えば間違いではない。日本って大学や仕事から一度ドロップアウトしたら戻るのは難しいけど、フランスとかアメリカでは、大学在学中に子どもを産んで子育ての4年間を挟んでも、割とその後に大学やキャリアコースに戻れる。でも、それができるのは年齢的に35歳までの人たち。

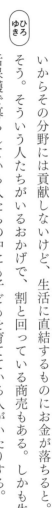

ひげおやじ　まあ、基準としてはね。高齢出産もあるけど、いろいろリスクも高くなるという話もあるから、そこは置いといて。

ひろゆき　いかに35歳以下の女性が、一度キャリアから外れても大丈夫な社会をつくるか。男女に関係なく、休んでも必ず大企業のポストに戻れるような優秀な人って少ない。たぶん、働いている人の10%もいない。90%の人は実力ではキャリアに戻れないから、そこは社会が提供しなきゃいけない。そのためには、今のところシステムとか生活保護か子ども手当的なものしかないという。

ひげおやじ　そういう意味では実家住まいは有利だよね。日々、汲々とすることに時間を取られることなくキャリアとかを考える余裕もできる。でも、地方から出てきた人はそれができないじゃん。

ひろゆき　地方で同じようにやればいいのでは？　これが正しい事例かはわからないけど、例えば、僕の知り合いに美容師で失敗して食いっぱぐれてライターになった人がいて。ライターになりたてのころは収入が低かったけど、たまたま実家が東京だったから死なずに続けているうちにスキルが身について収入が上がり、税金を納めるようになった。その実家という資源は、別に生活保護であってもいいんじゃないの？

ひげおやじ うーん、なるほどね。

ひろゆき 生活保護で、必死に頑張ってスキルを磨いて自分で食えるようになりました。今では高額納税者で、それこそ生活保護のコストを負担する側になっている。それは悪いことではないよね。

ひげおやじ そのパターンになると美しいよね。でも、頑張らない人が実際にいるのも事実ではある。個人的には、そうやって好きなことを探し続けるのはいいことだと思うけどね。

ひろゆき その人も東京に実家がなくて生活のためにコンビニでバイトをしていたら、高額納税者になっていないよね。

ひげおやじ たぶん、なっていないだろうね、スキルの習得ができなかっただろうし。

ひろゆき 家賃を稼がなければいけないから、コンビニバイトをやり続けて50歳を超えて何のスキルもありませんだと、それこそ国の負担になってしまう。

ひげおやじ そうじゃない人もたくさんいるけど、そういう人もいるのは事実だな。

ひろゆき そうなってしまうのは、スキルやコネクションをストックする余裕がないから。

実家や生活保護というリソースがあれば、低収入でも訓練ができる。そこを実家じゃなく社会が提供できたほうがいいし、それって生活保護だよね、と。

無職で居続けるスキル

ひげおやじ　全くもって同感。生活保護というリソースを得たら、そこに甘えて何もしない人が出てくると考える人もいるとは思う。でも、ぶっちゃけ何をするか次第だと思うのよ。例えば、もしかしたら本を書くという方向にいく人がいるかもしれない。そうやって自分の余暇を突き詰めてみたら、なぜかそれがお金につながっちゃったという運がいい人の例が「天下一無職会」にもあった。それぐらい心の余裕があるからこそ、自分の趣味を突き詰められたり、思いついたことに動けたりする。

ひろゆき　リソースがあるからできたことだよね。

ひげおやじ　たしかコアラのマーチのイラストを毎日描いて投稿している人から応募があっ

たんだけど、覚えてる？　結果、見事に採用されたんだけど、それをきっかけにイラストレーターへの道が開けるかもしれない。でも、ずっとコンビニバイトで疲れ切って絵を描く気持ちなんか1ミリも起きない状態だったら、たぶんコアラのマーチの話は生まれなかったし、その先もなかった。人間って暇になると、なんかしちゃうと思うんだよ。

ひろゆき 何もせずに家に居続ける才能がある人は、実は結構少ないというのをみんな知らないよね。

ひげおやじ 何かしらやっちゃうよね。そして、結果的にそこから芽が出てくることもあるかもしれない。

ひろゆき まあ、それはいろいろあるとは思うけど……。でも、日本人は暇があると何かをやるタイプ。たぶん、島国として共通するのかもしれないけど、バリ島の人とかもやるよね。

ひげおやじ バリ島とかって、20年かけて作ったカゴとか売ってたりするよね。暇がないと絶対に作れないやつ。もう誰が買うかわからないような謎の芸術品をスゴく時間をかけて作ったりさ。

ひろゆき　あとはコメ粒に文字を書く中国のおじさんとかね。東南アジアは暇な時間にスキルアップを始める傾向があるような気がする。それが売れるかどうかは別にしてね。南米系とかは暇だと楽器とか始めたりするよね。別に暇だし面白いから何か始めているだけなんだけど、人は暇になると何かしらやってしまう。だから、無職の人が無職で居続けるのは結構スキルがいることなのかも。

ひげおやじ　それは無職で居続けることは苦痛ということ？

ひろゆき　うん。結局、人は承認欲求を満たしたくて社会で何かしら報われたいという気持ちになったりするから。別に一生働かなくてもいいくらい恵まれているのに働こうとする人もいるし。

ひげおやじ　たしかにいるね。でも、報われたいってのがあるのかもな……。

ひろゆき　自分が何かしらの役割を社会の中で果たして、それが意味あることだと思われたいし、思いたい。それはコンビニのレジとかよりも、創作的なものとか会社的なところだったりするよね。

バカ当たりするコンテンツは暇人の博打から

ひげおやじ　もちろん全ての人が成功するわけじゃない。ただ、たまにめちゃくちゃ成功する人もいるからね。

ひろゆき　こういうとき、必ずイギリスの作家J・K・ローリングの例を出すんだけど、彼女はお金のないシングルマザーだったの。学校の先生かなんかをやりながら小説を書き続けてたら『ハリー・ポッター』という小説になって、最終的に映画化までされて年間100億円とか稼いでいたりする。

ひげおやじ　産業としてみれば『ハリー・ポッター』関連で、総額2000〜3000億円ぐらいのビジネスになっているんじゃないの？

ひろゆき　うん、彼女個人でもたぶん1000億円ぐらいは得ていると思うし、ビジネスのほうでも法人が納税するから、イギリスとしては、たぶん1500億円ぐらい税金が入っている。

ひげおやじ 普通に教師として成功していたら、絶対にそんな納税できなかったから、イギリスとしてはありがたいよね。しかも、外貨を稼いでくれるわけだし。

ひろゆき コンテンツを制作してバカ当たりするみたいな青天井の仕事は、暇人がギャンブルをしないと当たらないよね。

ひげおやじ 必ずヒットする小説の書き方なんてないから、熱意のある人がやってみて、それが当たるか当たらないか。でも、よく考えたらゴッホだって同じだからね。生きているうちは全く当たっていないけど、ずっと絵を描いていたわけじゃん。

ひろゆき 弟が金持ちだから続けられた。『鬼滅の刃』の作者とかもそんな感じっぽい気がするんだよね。かなり臆測で妄想が入ってるけど、あの人は他の作品を作らないし、今後もあまり作らないようなことも言ってる。しかも人と全然会わない。その情報から判断すると、たぶん社会的に組織の中で働くとかが苦手なタイプだと思うんだよね。もちろん違うかもしれないけど。

ひげおやじ アーティストには多いよね。そんな人が世界中でアホみたいな売り上げを叩き出す作品を生み出すという。

ひろゆき やっぱり勤労をしていない人がダメというより、むしろ何らかのコンテンツ作りを頑張ってくれるんだったら、実家なり国なりが、いくらでもどうぞ、という環境を用意するほうがいいんじゃないかなと。

ひげおやじ 博打みたいな感じになっちゃう可能性もあるけどね。

ひろゆき 今は博打の時代なので。

ひげおやじ 頑張ったけど、結果が出ないパターンもあるわけで。むしろ、そっちのほうが多いと思うしね。

ひろゆき 時代は、工場のライン工として同じことをずっと続けたら利益が上がる的な、誰でも同じことをすればいい「マニュアルの時代」から「博打の時代」になっている。

ひげおやじ 大卒で就職した人の給料が確実に高くなるかというと別にそうではなくて、逆に学歴なんて関係なくＹｏｕＴｕｂｅｒになって儲ける時代だしね。

ひろゆき やっぱり今はもう、博打の時代。そこに世間的な認識との乖離という問題はあるかもね。

ひげおやじ 世間的には、そういう認識はないかもしれない。じゃあ、博打をするんだったら、自分の後悔のないよう好きなことをやったほうがいいよね。

何が正しいのか、今の価値観では測れない

ひげおやじ そのためには、我慢というか突き詰める能力は必要だけどね。そのためには好きなことを見つけられるかどうかが重要。例えば、プログラマーで優秀な人ってたいていプログラム自体が好きという。

ひろゆき 平日はプログラムの仕事をして、土日は家で趣味のプログラムをする、みたいな。『ドラゴンボール』作者の鳥山明さんも、打ち合わせとか暇なときにナプキンの裏とかにずっと絵を描いていたらしい。絵でもなんでも、本当に好きでやっている人に、嫌々やっている人は絶対に追いつけない。

ひげおやじ そういう人って、たぶん頑張っているという自覚なんてないよね。

ひろゆき うん。好きでやってるだけだからね。

ひげおやじ 世にいう「勤労」とは違った意味で、才能のある人がおのずと好きなことに邁進して、それが結果として仕事につながるシステムがあるといい。昔は格闘ゲ

ームってお金を払って趣味でやるものだったけど、最近は日本人がサウジアラビアのｅスポーツ系の大会で賞金３０００万円を獲得するみたいな話もあったりするわけだし。

ひろゆき ゲームをやり続けている人を見て「この人たちは勤労している」と思うか、「クソ野郎」と思うか。でも実際に金は一般のサラリーマンより稼いでいる。つまり、何が正しいかを、今の人たちの価値観で決めること自体が僕は間違いだと思う。

ひげおやじ そうだよね。ＹｏｕＴｕｂｅｒと呼ばれているクリエーターさんたちも5年前10年前は収益がなかったけど、それでも毎週毎日動画を投稿していたわけで。なぜかといったら動画を投稿するのが楽しかったから。

ひろゆき ヒカキンさんはまだＹｏｕＴｕｂｅでは稼げなかったころ、動画を量産するために「僕はＶｌｏｇを始めるから毎日動画を上げていこうと思う」とか言っている動画をアップしていたけど、そのとおりにやってとんでもない収益を得ているわけで。

ひげおやじ それも好きだからできたと。何が当たるかわからない。だから、時代が時代なら、もしかしたらヒカキンさんも今ごろは単なる……。

ひろゆき　無職のしょうもないおっさんだった可能性があるよね。

終わらないものや安定なんてものは存在しない

ひげおやじ　今の時代であれば、動画投稿でも広告収益で食べていけるけど、その昔は収益を得られなかったから、面白がってニコニコに動画を投稿していた若いコたちは、社会人になるタイミングで時間が取れなくてフェードアウトみたいなパターンがあったよね。趣味に時間を取られて仕事に支障をきたすと生活ができなくなるから。今でも、動画投稿が好きだからと、仕事を辞めて動画一本にするのは葛藤があると思う。だって、明日終わっちゃうかもしれないし。まぁ、どんな仕事でも明日終わるかもしれないけどさ。

ひろゆき　公務員は終わらないかな。大人はそういう消えない仕事に就けさせようとするよね。公務員とかトヨタとか、昔ながらの明日で終わらない仕事に。

ひげおやじ　そうね。それはだって自分の子どもは、やっぱり安定してほしいと思うからじゃない？

ひろゆき　でも、終わらないと思っていたものでも、ひげさんの言うように急に終わることもある。実際「山一證券」がつぶれたときなんて、直前まで誰も気づかなかったじゃん。

ひげおやじ　あれはびっくりしたね。ってか、社員ですらびっくりしていたから。マジか……みたいな。

ひろゆき　旅行代理店なんかも今は大手しか残っていないしね。産業というのは、10年単位でどんどん変わるし、現実に起きていることが正解だとすると、何が当たるかわからないという話だけは変わらない気がする。ギャンブルの時代なので、好きなものがあるんだったら、それに特化してもらって、当たったら超稼いで納税してもらって。死ぬまでに当たらない人もいるだろうけど、死んでも何か作品を残していた場合は、それは死後に稼いでくれる可能性もあるし。さっきのゴッホの話みたいにね。

生活保護が充実すれば治安がよくなる

ひげおやじ そうやって好きなことをやり続けるという博打に出て、結果として報われなかった人が社会に報復するなんて意見もあるだろうけど、受け皿というか、生活がある程度満たされていたら、そんなことしない気がするんだよね。

ひろゆき 大阪でクリニックに火をつけた殺人犯は、生活保護を切られたから犯行に及んだけど、生活保護をもらっていたら犯行はしていないよね、たぶん。

ひげおやじ もう絶望したんだろうね。そうならないようにすることが大事かな、と。

ひろゆき 「京アニに放火した青葉被告は生活保護をもらっていたのでは？」とか言われそうだけど、あれは「池田小事件」の殺人犯、宅間元死刑囚と同じで、一定の割合でそういう人が出るという話。彼は小説を書くというクリエティブな活動をしていたから、「彼が認められていたら変わったんじゃない？」と考える人もいるだろうけど、そうなったら別の認められていない人が別の犯罪をするだけ。

ひげおやじ　その話になると、生活保護だから問題とかは、もう関係ない気がするよね。

ひろゆき　うん、生活保護が充実すれば、僕は治安がよくなる気がするんだよね。一般的な治安の話でいえば、収入の少ない人が生活に困って犯罪に走るケースは少なくない。でも生活保護とかで収入に問題がなければ、強盗をする必要もない。

ひげおやじ　むしろ働いている人のほうが、人を殺している気がする。怨恨とか仕事の恨みとかで。

ひろゆき　確かに日本における殺人の8～9割は怨恨が理由で知人相手だよね。そうすると友達が少ない人のほうが……。

ひげおやじ　友達がいなかったら殺しようがないしね。そうやって考えると、むしろ生活保護受給者を増やしたほうがいいのかも。

無職の心得

ひろゆき　ただ、無職であるには、無職としての心得が必要。

ひげおやじ　無職としての心得。それって、「天下一無職会」に投稿してくれた人が言っていた「足るを知る者は富む」ってこと？　さっき承認欲求とか、暇をどうやってつぶすかとかについて話したけど、それって結局は渇望。だから、無職の心得は「今、自分は幸せ」と思うというか、自分自身が今の自分を認めることだと思う。「自分は今、ダメな状態なんだ」と追い込むと、恐らく空回りして悪い方向に向かっちゃうから今の自分を否定しないというか。

ひろゆき　うん、割と一緒の考えだ。

ひげおやじ　やっぱそうだ。

ひろゆき　これは働いている人でも一緒だけど、「他人と比べることをしないという覚悟」かなと。

ひげおやじ　でもさ、そんなの無理よ、無理。みんな、すぐに比べちゃうし。

ひろゆき　でも、同年代で自分より年収が１００万円多い人には嫉妬するけど、アラブの石油王に嫉妬する人っていないよね？

ひげおやじ　アラブの石油王とかキムタクとかまでいくと、もう途方もない差があるから、憧れはするけど嫉妬しないとかは割と一般的かもね。

ひろゆき　イチローとか大谷翔平にはなれないよね、とかね。なので、この人になろうということ自体を、そもそも諦めるというのは、どんな人でもどこかの時点でやるべき。

ひげおやじ　そのくらいの差があれば、普通はやっているんじゃないのかな？

ひろゆき　いや、やれていない社会人も結構多い。少なくとも他人と比べる限り、満足することはない。上には上がいるから。インスタの〝いいね〟が欲しいとかフォロワーが多いほうがいいとか、それ自体が間違い。人は、それをどこかで気づかなければいけない。例えば、SNSのフォロワー数で友達に負けているから何とかして超えたいとか考えるのは間違い。もちろん、職業として増やしたり、好きで増やすのならどうぞ。でも、例えば、OLであれば、インスタのフォロワーを増やす必要はない。そもそも他人と比べる必要もない。無職の人も同じ。食いっぱぐれないだけのお金はある。でも、おしゃれをしようとか、他人が寿司を食っているから自分も食べたいとか、他人がやっているから自分も同じようにしたいとなると、できないことへのマイナスがずっとたまり続ける。

ひげおやじ　でも、やっぱ美味しいものを食べたいとか、欲が出るのは人間として普通じゃない？　そして、一度欲にまみれてしまったら、そこから脱却できんからね。

ひろゆき　働いて欲まみれになることは、全然かまわないと思う。ブランド品が超好きだから買うために働くとかは全然いい。あくまで無職で生活保護をもらうときの心得の話。

ひげおやじ　あ、無職の心得でしたね。

ひろゆき　要は収入が増えないというか、無職で収入が増えるわけないから(笑)。それで生きていくうえで毎月いいものを買うのは無理。働いてボーナスをもらったり、成果報酬の仕事で超稼いで自分にご褒美は全然ＯＫだし、好きにすればいい。

ひげおやじ　じゃ、無職の人で自分も周りと同じにしたいと思っている人は……。

ひろゆき　無職に向いてない。働きたくないけど、お金は無限に欲しいという人もいるけど、それは無理。でも、欲望があって、生活保護で生活を安定させながらスキルをためて欲望を満たすのはアリだと思う。なので、ずっと無職でいるのであれば、欲望というのを捨てないといけない。

ひげおやじ　つまり、無職で居続けるのは才能がいるよ、という話？

ひろゆき　うん。そしてたいていの人は欲望があって、その欲望を満たすために働いてしまうから無職にはならないと思うし。

第一回

天下一無職会

CASE
01

サマランチャさん

年齢
37

無職歴
2カ月半

性別
男

事あるごとに働いては1カ月ほどで辞める。現在は、横須賀市内にある駐車場つきの4LDKのボロい平屋で雄猫と暮らす。もともと競売物件のため家賃は2万円。山奥なので爆音でレコードを聴き、ギターを弾く毎日。

去年の1月に離婚し、「もうどうでもいいや」と自暴自棄になり、起きている時間はほとんど酒を飲んでいる日々。年に一度の血液検査では、肝臓の数値は最悪だろうなと恐れながら結果を待つ。結果は全ての数値が正常。肝臓も全く問題なかったため、次の検査まで休肝日なし。酒を毎日しこたま飲んでいたが、1年後の検査でも数値は全て真ん中で問題なし。医師が「うん。柔らかい肝臓だね」と肝臓を触診。脳を溶かしながら、バッカスの神を信じてみようと思った。

ひろゆき　このタイプの人は無職を楽しんでいると思う。

ひげおやじ　楽しんでいるよね。この人の送ってきた失敗談もなかなかで「そこらへんの葉っぱを乾かして吸ってみたがおいしくなかった」というね。

ひろゆき　おいしかったらみんな吸っているでしょう（笑）。この人は完全に暇を持て余しているよね。

ひげおやじ　本当にね（笑）。

ひろゆき　暇だから山奥でギターを弾いたり酒を飲んだり葉っぱを吸ったりと、無職ライフを楽しんでいるわけだし。

ひげおやじ　なんだろうね、迷惑をかけてないけど、何か言うとしたら「お酒はほどほどに」くらいかな。

ひろゆき　健康な無職は強いと思う。

ひげおやじ　この話はスゴいね。いい方だと思います。

ひろゆき　こういう楽しそうな無職生活は、世の中にもう少し知られたほうがいいと思う。

CASE 02

東村せまゆきさん

年齢 33

無職歴 1年

性別 男

私は派遣でフルタイムの仕事をしており、直近の職場では3年間真面目に勤めたが正規雇用になることはなかった。この経験から真面目に仕事をしても、結局は使い捨てされることをバカらしく思うようになり、それ以降は仕事をしたりしなかったりを繰り返すようになった。

昨年の8月ごろから、本格的に無職を始める。貯金を取り崩しながらプログラミングの勉強をしつつ再就職を目指していたが、働くこと自体に対して意欲が湧かず。またもともとプログラミングに興味がなかったことと、コロナの影響で働き口もなくなったことが重なり断念。

貯金もなくなってきた今年の5月中旬ごろ。ひろゆきに言われたとおりナマポ（生活保護）を申請したら受給できることになったので、5月の終わりごろから受給開始。

現在は東京市部に在住しており、月に11万5000円ほど貰う日々。派遣として就職し正規社員に見下されながら身につかない仕事をするくらいなら、このまま一生ナマポで生活しようかと悩み中。

ひげおやじ　この人は生活保護で月に11万円をもらえているんだね。

ひろゆき　しかも、その11万円には税金がかからないからね。今、正規雇用で働いたとしても、手取り15万円とか。そう考えると生活保護は結構オトクなんじゃないかな。

ひげおやじ　これはなかなかの話。みなさんもぜひ参考にしていただければと。

ひろゆき　無職から職業に就くというランクアップではなく、無職から生活保護にジョブチェンジしていただければと。

ひげおやじ　そこはランクが上がるとか下がるとかではなく、ジョブチェンジであると。

ひろゆき　実際、生活保護になったら一生お金をもらえるわけじゃん。しかも生活保護になったら医療費もタダ。だから働いている人よりはランクが上だと思う。要はアラブの石油王とかが「俺はもう一生働かなくていいんだよね」と言ってるのと同じで。だって生活保護は不労所得なわけじゃん。

ひげおやじ　その気の持ちようは相当だよ……!?

ひろゆき　生活保護に引け目に感じるタイプの人もいると思う。でも、明らかに生活保護を満喫しているタイプの無職もいるわけで。だから、たぶん〝あちら側〟の生活保護になったら最強だと思う。

CASE 03

Dead Fish Eyes（死んだ魚の目）さん

年齢 34

無職歴 4年

性別 男

私はもともとお金をほぼ使わず全て貯蓄に充ててきた。そのため、今はその貯蓄を取り崩しながら無職生活を送るものの、残高が減っていく喪失感と日々格闘中。前職を辞めた直後は、新しい仕事を見つけてちゃんと働かないといけないと思っていたのだが、気づいたらなんだかんだで4年が経過。

時々転職サイトを覗いたりするものの、「いよいよ働くのか……」という現実感と向き合うたびに、「やっぱめんどくさいな」「明日から頑張ればいいや」という気になり、4年間それの繰り返し。

【最近買ったガジェット】

価格7000円くらいの「蟻の観察キット」。無職になって怠惰な生活が続き、日々ダメ人間になっていくなかで、蟻の生きる姿を見ることでなんとか生きる気力を保つことができている。

ひろゆき　この人が買った「蟻の観察キット」が無職っぽくて僕は好きなんだよね。なんか生々しいというか、スゴく無職らしくていいなって（笑）。

ひげおやじ　確かにね。

ひろゆき　こういう無職のリアルを感じられるところを見ると、この企画をやってよかったなと思う。

ひげおやじ　そうね。蟻って、無心になって何も考えずに一生懸命に餌や土を運んでいるわけでしょ？　そういう姿を見ると励まされる気持ちはわかる。

ひろゆき　ほら、蟻のように働く会社員もそんな状態なわけじゃない？　蟻を飼うことで、今度はそれを神視点で見られるわけだし。ある種、生活保護民はサラリーマンの人たちが一生懸命働いて払った税金から生活保護をもらっているわけだから、蟻を見ているような上から目線になっちゃうんじゃない？

ひげおやじ　確かに朝の品川駅とかも同じだよね。何千、何万の人たちが密集した状態で、何もしゃべらずにザッザッザッという足音だけ聞こえてくるさまはなかなかだし。気になる人はＹｏｕＴｕｂｅとかに動画があるので見てくださいね。

CASE
04

時永波人さん

年齢
51

無職歴
29年

性別
男

寝て過ごす時期が長いとベッドのスプリングが早めに切れる。

【失敗談】
無職期間中に交通量調査、電器店の開店準備のアルバイトを4日ほどやってしまった。

ひろゆき　無職というのは、「本当にクソ野郎な無職」と「わりと仕方なくなる無職」の2種類に分かれるよね。そして、無職の人の話って面白いんだけど、それって、無職だから面白くなるのか。それとも面白いから無職になるのか。どちらなんだろうね？

ひげおやじ　その人の個性もある程度はあるのでは？　少なくともサラリーマンとは違う人生の歩み方をしているから、もう並行世界の話に聞こえるもん。

ひろゆき　でも、長年無職の人でも暮らせていることがスゴい。時永さんは失敗談で、無職期間中に交通量調査、電器店の開店準備のアルバイトを4日ほどやってしまったことを悪いことのように書いているんだよね（笑）。普通、働くことは失敗ではないはずなんだけど、無職歴29年の時永さんのなかでは、働いてしまうのはもうやってはいけないことなんだと思う。だから、この人は無職としての自分にちゃんとプライドを持っていらっしゃるのかなと。

ひげおやじ　そうだね。この方のように無職を29年間続けていると、自負のある無職になるということですね。

CASE
05

左手のほくろさん

年齢
22

無職歴
約2年

性別
男

一日15分の日光浴のためにベランダに出る以外、ほとんど外出をしない無職の僕。昨年「コアラのマーチ」の新絵柄の一般公募があり、1カ月ほど毎日一つずつ応募していたところ、運良く採用。今春から販売されているコアラのマーチの中に、僕が考案した絵柄のものがある。これは時間が有り余っていたからこそできたことだと思う。

ひろゆき　まず、ベランダに出るのは外出ではないと思う。

ひげおやじ　そうだね（笑）。

ひろゆき　でも、スゴいよね。毎日コアラの絵柄を1個考える時間があるのは完全に無職。22歳は若いと思うけど、いい年ですからね。みなさんが働いているなか、一日1個コアラの絵柄を考えて、しかもちゃんと採用されているのだからデザイナーとしての才能があると思う。

ひげおやじ　そうだよね。その絵がどんなものなのか気になるな……。きっと、絵柄を募集している会社も「この人、毎日送ってきてスゴいな」と思っているだろうね。

ひろゆき 確かに。1カ月間毎日だからね。3〜4枚であれば「へえ〜」くらいだろうけど、2週間目くらいから「この人はなぜまとめて送らないのだろう？」という疑問が浮かんでくるはず。だから「まだくるよ、まだくるよ」って。

ひげおやじ そうそう。募集をしているほうも「一日1個考えてくれているのかな」と想像すると、採用したくなる気持ちもわかるし。

ひろゆき 1個くらいなら、ってね。でも、もう少し外に出たほうがいいかもね。失敗談のほうが無職っぽいので。

ひげおやじ 失敗談は「歯が痛むのを放置していたこと。虫歯で神経ギリギリまで削り、治療後4カ月ほどが経過。でも、まだ冷たいものがしみて時々噛むと痛い」ということですが、この人はいい人っぽいですよね。

ひろゆき でも、歯が痛いとか虫歯というのは、放置しておいて治ることはありません。なので無職の人へのアドバイスとしては、虫歯は気づいたらすぐに治したほうがいいということ。早く治せば安く済むし悪化もしないので。虫歯は治療が遅くなればなるほどお金もかかるし、悪化して痛いので大変ですよ……と。

第一回「天下一無職会」を終えて

ひろゆき　第一回「天下一無職会」が終わりました。

ひげおやじ　お疲れさまです。面白かったですね。

ひろゆき　やっぱり、無職の人は面白いよね。

ひげおやじ　読者さん向けに一応補足すると、「我こそは無職だ」という方々の面白い無職エピソードを募集する「天下一無職会」という企画をYouTubeチャンネルでやっていました。

ひろゆき　我こそは無職って（笑）。

ひげおやじ　我は空、土、そして無職みたいな方々を募集しております。でも、結果的に非常にたくさんの応募があって、いろいろと面白い方々が紹介されましたね。

ひろゆき　コメント欄に「俺の無職自伝は語り尽くせないくらいすごい自信がある」という無職が。

ひげおやじ　そのエピソードをどれだけ文章にまとめられるか。長文は相当の文才でもない限り、ほぼ採用しないし。

ひろゆき　無職エピソードを聞いていると、無職というのは「社会に対して控えめな無職」と「自信満々の無職」に二極化されるよね。無職であることに誇りを持っているという、開き直った無職のほうが面白い。

ひげおやじ　そっちのほうが絶対いいよね。明るく楽しい無職の方は最高。例えば、「アリを飼育しています」とか、「好きな音楽をガンガン鳴らしています」というエピソードは大事ですよ。

ひろゆき　僕、ディテールが好きなんだよね。「無職の人はこういう考えになるよね」みたいなことは、無職シミュレーションの材料になりやすくて。というのも、僕はもう無職にはなれないので、無職はこういう感覚なのね、と知ることができるみたいな。まあ、僕も無職みたいなものだけど……。

ひげおやじ　おまえ、何を言ってるんだよ（笑）。

ひろゆき　本物の無職は、職がないということと「将来どうなるんだろう？」という不安もあるわけで。でも、僕が無職になっても、もう不安は手に入らないのよ。

ひげおやじ　……君はいろんな人を敵に回す発言をするなぁ。

ひろゆき　もちろん借金をして変な買い物をすれば別。だけど、僕は基本的に不安がある状態にはならないんですよ。だから不安がある状態で開き直る、みたいな感じの無職の本当の気持ちを、僕は体感することができない。例えば、アリを見ると安心するみたいなディテールは、僕の頭の中だけだと思いつかない。そういう僕が想像する無職とは違った、「リアルの無職は、こういうときにこういう感覚なんだ！」というのがスゴく面白くて。

ひげおやじ　でも、「不安が手に入らない」というパワーワードはスゴいよね。人生において不安がないという。

ひろゆき　すいません。でも、毎日不安だらけですよ。

ひげおやじ　ウソつけ！　ちなみに今回の「天下一無職会」のメインテーマは無職エピソード。それに自信がない方はガジェット自慢とか失敗談でエントリーしてほしいと思ったんですけど、結果的にそれらは無職エピソードの詳しいデータになってしまって。

ひろゆき　そもそも応募がこんなにいっぱいくるとは思わなかった。「5人くらい応募してきて適当にスカイプ（ネット通話アプリ）つなごうか」くらいのイメージだったし。

ひげおやじ　一応、スカイプのアイデアもあったからスカイプIDも募集したんだけど、結局は300件近くの応募があったみたいだよ。

ひろゆき　そんなに？　スゴいね。まあ、ひげさんがお金を配るからね。ほら、無職はお金が大好きだし。

ひげおやじ　おまえの人生……不安にさせるぞ!?

ひろゆき　ひげおやじさんは平気で犯罪をするから怖いですよね。

ひげおやじ　おまえの家の近くで急に生配信を始めるぞ、こっちは！

イギリスの無職家庭、ヒルトンのスイートルームに住む

ひろゆき　でも、日本の無職は、つつましいよね。

ひげおやじ　海外の無職はどうなの？

ひろゆき　例えば、イギリスの無職は生活保護的なもので住む場所があてがわれます。でも以前、スリランカからイギリスに来た無職の外国人家族に住む場所があてが

われないことがあって。なので、その家族は「ホテルに入ってください」と言われてヒルトンホテルに入ったらしいんだけど、5人家族で子どもが3人いるのでホテルでの一部屋が狭かったと。

ひげおやじ　ほうほう。

ひろゆき　法律上、5人家族はベッドが5個ある場所じゃないといけないという生活保護の基準が一応はある。だから、その家族が「ベッド5個の部屋にしろよ！」と言ったらヒルトンホテルのスイートルームになったらしくて。そんな感じで、無職の外国人が生活保護を受けていたから、イギリスでも「これはさすがにどうなの？」と言われてたんですよ。でも、日本の無職はそこまでは求めないじゃん。

ひげおやじ　なんで、そこでヒルトンのスイートルームになるの？

ひろゆき　今言ったように、無職には生活保護用の住居があてがわれるというルールがあるから。でも、その住居がないのであればどこか泊まる場所が必要になり、ホテルなら空いていると。さらに、生活保護用の住居基準を設けないと一室に押し込められてしまうので、生活保護用の住居は人数分のベッドがなければいけないというルールもある。そのふたつのルールを合体させると、ヒルトンホテルのスイートルームしか空いていなかったという。

ひげおやじ　それはスゴいな。

ひろゆき　そんなお金があるのなら、その家族に現金を渡して家を借りてもらったほうが全然安いよね。だってヒルトンのスイートルームは一泊20万円とかするし。

ひげおやじ　ヘタをすると一泊分だけで1カ月間暮らせちゃう……。でも、直接お金を渡すわけにいかないから怖いよな。

ひろゆき　イギリスではそういうことがあるから、ガチ無職がいっぱいいますよ。

ひげおやじ　イギリスは本当に手厚いんだね。

ひろゆき　だから三代続く無職とかもいるしね。無職になった親世代が子どもを生んで20年くらいたつとその子どもも20歳くらいになる。でも、その子どもも暇だからまた子どもを生んで、また20年くらいすると〝三世代無職〟が出来上がる。

ひげおやじ　ほう。

ひろゆき　三世代続く無職の子どもって10代になっても両祖父母が働いているところを見たことがないから、そもそも働くということが理解できないんだよね。

ひげおやじ
両親もずっと無職だからね。

ひろゆき
無職は無職が集まるところで暮らすことが普通だから、知り合いも無職。そんな状態だと、そもそも働く意味がわからなくなる。「お金が湧いてくるのになんで働く必要があるの？」みたいな。

生活保護か正社員か

ひろゆき
コメントに「20歳でナマポに入って6年がたちます。そろそろ就職して正社員を目標に考えています。どうすればまともな会社に就職できますか？　結婚して子育てもしたいので楽しく働ける職業を選びたいです！」ときているけど、この人はもう6年も生活保護でお金をもらっているのに、なんで働きたいんだろう？

ひげおやじ
20歳で生活保護に入ったということは今、26歳か……。変な話だけど、この人は選択肢がまだありそうな気がする。だって26歳だったら生活保護じゃなくてもいいわけで。一度働いてダメだったらまた生活保護に戻ればいいから、就職とか正社員を考えているんじゃない？

ひろゆき　別にNPOとかで無償でお手伝いしたらいいんじゃないの？

ひげおやじ　確かにボランティアでもいいのか！

ひろゆき　職歴のない人って基本的にブラック企業に入ることになりがち。そして職場がひどいとやりがいもなくなると思う。しかも、給料も大した額はもらえないから、最終的に「生活保護でいいや」ってなってしまうし。

ひげおやじ　確かにそうかもしれないね。

ひろゆき　例えば、NPOの「いのちの電話」とかで相談に乗っている人は、たぶん「俺、今日人を救ったわ」って超やりがいを感じているはず。だからNPOで全然いいと思うけどね。

第二回

天下一無職会

CASE 06

てぽどんさん

年齢 25

無職歴 1年半

性別 男

2020年6月ごろから生活保護受給者。むろん、仕事はちゃんと探すもどこも受からず、コンビニ・スーパー・介護・土木作業員と全て落ちる。

よく、「働けるのに生活保護をもらっているのは悪だ」と言う人もいるが、どこも雇ってくれないから生活保護をもらっているのになぜ批判をされるのか？

ちなみに私は面接時、労働法を守っているかを念入りに質問する。

・サービス残業はさせていないか？
・時給は1分単位で計算しているか？
・着替えや朝礼など、下準備や後片付けにも時給はきちんと発生しているか？
・制服など仕事必需品は給料から天引きされていないか？

驚くことにこれらを聞いた途端に面接官は口を尖らせたり突然無気力な態度で「ああもういいよ」と言い、最悪の場合は暴言まで吐かれる始末。違法労働に加担するわけにはいかず、これからも厳しくチェックするつもりだ。

しかし、世間はなかなか雇ってくれない事情を考慮せず、長く生活保護を受けていることを批判する。誰も雇ってくれないのでは生活保護を継続するのは当たり前。まとまった金がないと仕事は探せない。なぜ私みたいなまともな受給者でも批判をされるのだろうか……。

ひろゆき まともでいいよね（笑）。

ひげおやじ そうなんですよ。この人はスゴいよね。

ひろゆき この人は強いよね。普通は何十社も受けるなかでどこかで折れると思うし、本人には原因が薄々わかっているわけで。でも、そこは労働法を守ることを信じてやっているわけだから、何の問題もない。

ひげおやじ いや。穿った見方になるけど、この人はもう働く気ないでしょう？（笑）

ひろゆき そこはちゃんと労働法を守ってくれる会社なら働きますと。ブラックな会社で働くと、まともな会社のほうが損をする。例えば、残業代を支払わない会社と残業代を支払う会社が価格競争したら、残業代を支払う会社が負ける。なので、ブラック企業で働くことは社会にとって良くないのよ。ただ、こういう人がどんどん社会に増えていくことで社会が本当によくなるのかは疑問かも。

ひげおやじ　確かにね（笑）。どうしよう……。この人の生きざまは皆さんに勧めたほうがいいのかな？

ひろゆき　このまま勧めていいんじゃない？　この理論武装はアリだと思う。生活保護もあるわけで日本の法律上は何の問題もないし、社会をよくしようと思っているのだから。例えば、生活保護をもらいたいけど、就職も一応しなきゃいけないから仕方なく面接に行って受かる人がいる。でも、このノウハウを使うと面接は100％受からない。役所の人に「なんで受からないいんですか？」と聞かれたときに「いや、これを聞いたら残業代を出さないと言うから」といえば、役所の人も「それくらい我慢しろ」とか言えないわけで。だからかなり優秀なノウハウだと思うんだよね。

ひげおやじ　素晴らしい。これを勧めれば全て法を遵守してくれる会社だらけになるはずですから。

ひろゆき　なので、何の問題もなく生活保護人生をまっとうしていただければ。

CASE 07

yotoさん

年齢 24

無職歴 1カ月

性別 男

1年前に統合失調症と診断されたものの、その後も無理に働いて悪化。自己破産し、現在はぬくぬくと生活保護を受ける生活。働いていないので社会の働いているみなさんに申し訳ないと思う一方、最近は勉強できる時間が増えたので幸せを感じる人生。今は東京に住んでいるが、生活保護でお金を貯めて田舎に移住を検討中。

【失敗談】

診断があるのに無理に働いたこと。また、ある時から抽象的な不幸を感知するようになった。以前、カルロス・ゴーンに似た人が職場に来た後にカルロス・ゴーンが裁かれた。最近では群馬に仕事に行き600円のお土産を買ったら豚が約600匹盗まれた。あと仕事を辞めたら安倍首相が辞めた。抽象的な不幸の知らせなので何の役にも立たないが、以前よりもストレスをかかえやすい体質になった。

ひろゆき 田舎で生活保護を取ればいいんじゃないの?

ひげおやじ 結果的に田舎で生活保護を引き継ぐのか、それとも東京のほうが生活保護費は高いのか。

ひろゆき 都会のほうが生活保護は取りやすくて、地方に行くと「大阪に行け」とか結構言われるらしい。地方の役所でも「もうお金がないです」と言えば、断ることができないから生活保護を取りやすいんだけどね。

ひげおやじ へえ。

ひろゆき たまに北海道とかに移住するなら家賃ゼロという物件がある。若い人を移住させて力仕事をやってもらうみたいな制度だから、24歳の男性ならそれに行けばタダで住めると思う。食い物がなくても地方では食い物をもらえたりすることもあるから、とりあえず行ってみたらいいんじゃない？　もしダメだったら東京に帰ってくればいいし。

ひげおやじ 確かにマイナスはないよね。

ひろゆき マイナスも何も最初から生活保護でしょ？（笑）　資産も何もないんだから失うものはないだろうね。

ひげおやじ そうですね。

ひろゆき あと失敗談だけど、これは完全に統合失調症です。

CASE 08

いさやんさん

年齢
不明

無職歴
なし

性別
不明

コロナ禍により勤めていたキャバクラが規模縮小のために人員削減。「おまえは運営に残れ」とお達しがあったものの退職。

なぜなら今回が最初で最後の会社都合の離職票という最高のアイテムを逃すわけにはいかないから。なかなかのブラック企業でさまざまな社員が理不尽に辞めたが、全て自己都合で離職という悲しい現実。

私自身が何よりも隠し通さなければならなかったのは風紀。風紀の罰金は30万円。これはガチで取るため、過去には役職が下げられたうえに分割で払わされた人も。私は真面目にやってきたが運命には逆らえず。とても楽しかったがビクビクの毎日。何せこの業界は噂が飛び交いやすい。

彼女は当時ナンバーワン。それをよろしく思わないキャバ嬢が多数。これまでにいろんなリークやネット上の噂により同僚が風紀を指摘され罰則を払って会社を去った。今回、会社都合の離職票&風紀を逃げ切った自分はかなりの勝ち組。雇用保険は12月まで。それまではニート生活を満喫したい。

ひろゆき　風紀というのは風俗で「嬢」と言われる女の子に店員が手を出してしまうことですね。前置きの「真面目にやってきたが」って真面目にやっていないじゃん（笑）。

ひげおやじ　真面目にやってないよねぇ。

ひろゆき　「会社都合」と「自己都合」の違いをわかっていない人がたまにいるけど、自己都合で辞めた場合、失業手当は2ヶ月もらえないんですよね。

ひげおやじ　うんうん。

ひろゆき　でも、会社都合で辞めた場合は次の日から失業保険をもらえます。勤務期間によっては、給料の約60％分を半年間とかもらい続けられる。それが終わった後も「職業訓練校」に通うという体裁にして、たまにそこに顔を出して授業を受けるとなぜか毎月お金がもらえて引っ張れる。なので、会社都合は超重要という話でした。

ひげおやじ　なるほどね。でも、逆に会社側は会社都合をなかなか出さないよね。

ひろゆき　そうね。会社都合を出してしまうと補助金の申請ができなくなったり社会保険事務所から目をつけられたりする。なので、会社都合ではなく自己都合ということで辞表を書くように強要される例が多い。会社都合がお勧めですよ。

CASE
09

さかなさかなさん

日雇い派遣で点呼のときだけ顔を出し勤務時間は食堂で「Ｎｅｔｆｌｉｘ」を観ながらサボる日々。サボる度胸があるならもう少しマシなことをしたいと思うが、これほどラクなバイトはないため現状維持。

年齢
26

無職歴
1年

性別
男

ひげおやじ　素晴らしい。点呼のときだけ顔を出せばいいんだ。

ひろゆき　人が何をやっているかをちゃんとチェックしないバイトや職場は結構あるからね。僕、昔アダルトビデオのチラシ配りをしていて。で、チラシを渡されて配ってと言われるんだけど、ちゃんと配らなくてもそんなにバレないのよ。そんな感じで管理をちゃんとしていない仕事やバイトにうまく入り込めるとラクできますね。

ひげおやじ　でも、ボーナスみたいなものだよね。

ひろゆき　掃除の派遣バイトを昔やっていたんだけど、掃除系は多かったと思う。いろんな業者が掃除の人を手配している場合は、毎朝どこに行くかもわからず現場に連れていかれるの。着いたら「ここを適当に掃除して」と言われるんだけど、指示が適当だから掃除しなくてもわからない。で、たまにやっているふうにしていると時間が経過してお金がもらえます。

ひげおやじ なるほど。

ひろゆき 自分の管理下にある人は仕事をちゃんと進めさせないといけないけど、業者さんは別に雇っているわけでも上司でもなく、そこを掃除して欲しいわけでもない。そんな人はサボっているところを見ても何にも気にしないのよ。なので、現場で誰が監視を手配していて、誰は気にしないかという「人の見分け」ができるようになるともっとラクできると思います。

ひげおやじ そこは「真面目に働け」というアドバイスじゃダメなの？（笑）

ひろゆき いや、真面目に働くんだったら日雇いの掃除のバイトとかはしちゃダメだよ。

ひげおやじ まあまあ。そうか。

ひろゆき 要は出世しないから時給は上がらないじゃん。なので、基本的にそういう仕事をするんだったらいかにラクして稼いで逃げるかという。

ひげおやじ 確かに。みなさんもぜひご参考にしていただければと。

CASE 10

ユミノ・オーウェルさん

年齢 20

無職歴 2年

性別 男

〝無職は勝ち組〟

この言葉を聞いて民衆はどう思うだろうか。「働かない時点で負け組だ!」とか、「底辺の分際で何を言う」とかその程度であろう。私は無職としてこの愚鈍かつ浅ましい考えに真っ向から否定してみせよう。否定するに足る理由は大きく二つある。

一つ目は「資本主義であるが故に無職は勝ち組」ということだ。かの有名な経済学者であるマルクス氏の本『資本論』では資本主義社会をこう説いている。

「資本主義社会においては、人やカネに働かせる資本家と、労働力を商品として資本家に売るしかない労働者の二つに分かれる」

この論理からすれば、一般的に勝ち組とされる医者、弁護士、官僚など、これら全ては労働力を商品としている負け組へと成り下がる。

しかし、無職はどうだろうか。国民に働かせる生活保護受給者、親に働かせるニート、カネに働かせる投資家など、全て人やカネに働かせている。おお、なんということだ!資本主義社会では無職は資本家階級であり勝ち組ということになる。

二つ目は「無職は足るを知っている」ということだ。あなたは「足るを知る者は富む」

という言葉を知っているだろうか。「足るを知る者は富む」は、古代中国の書物『老子』の第33章に収められている言葉だ。この言葉が意味するのは、「満足することを知っている人はたとえ貧しい状況にあっても精神的には豊かである」ということである。

これを踏まえ、労働者と無職を場合分けして考えてみる。労働者は競争社会に生きなければならない。それにより、人よりいい給料、人よりいいポスト、人よりいいもの、人よりいい女など次から次へと欲しいものが出てきてしまうのだ。競争社会に生きる限り〝足る〟を知るということがなく、「もっと」「まだ足りない」「さらに上に」と、際限なく欲してしまうのだ。このように、労働者は永遠の渇望の中で生きている。これを〝苦痛〟や〝心の貧しさ〟と言わずしてなんというのだろうか。

しかし、無職には競争という概念すらない。人と比べることがなく、際限なく欲することもない。〝足るを知っている〟のである。これにより労働者が直面する〝苦痛〟や〝心の貧しさ〟は無職には一切ない。ただ、存在するのは現状に対する満足と、心の豊かさである。まさに「足るを知る者は富む」のである。

いかがだろうか。ここまで無職は負け組という考えを否定してきたがご理解いただけただろうか。理解できなかった人はそのまま労働者として我々に貢ぎ続けていてほしい。それもまた一つの生き方だ。だが、私の考えを理解できた人はすぐさま仕事をやめて無職という名の特権階級にきてほしい。私は〝上〟で待っている。

ひげおやじ　いやあ……。久しぶりにいい文章だと思いました。

ひろゆき　面白いよね。確かに論理的には成立するからいいのだけど、そんなに頑張って自分を上げなくても(笑)。無職をしていてどこかに嫌なところがあるの、とは思うよね。でも、20歳でこれだから、ある種の能力はあるわけじゃん。だって未成年から毛が生えたくらいなわけだし。

ひげおやじ　そうそう。この文章を自分が20歳のときに書けたか、と。特に最後の文章はスゴくて「私は上で待っている」だよ。

ひろゆき　普通、20歳の無職が道を歩いていて「おまえ、仕事は何をやっているんだ」と警官に聞かれたら「無職です！」と答えるだけ。なのに、彼は上で待っているからね(笑)。

ひげおやじ　みんなも早くこのステージに上がってこいよ、と。

ひろゆき　検索して時間をかけて書いたのかもしれないけど、老子とかマルクスとかそれっぽい教養は一応ある。だから頭が悪いわけじゃないと思う。でも、このエネルギーは何なんだろうね(笑)。

ひげおやじ　いやあ……。正直言うと、僕は大好物です。

ひろゆき 本当に有閑階級ですよね。

ひげおやじ そうだね。なかなか素晴らしいし、ぜひ無職を貫いていただきたいなと思いました。

ひろゆき でも、こういう人が突然一発当てたりするんじゃないかなとは思うけど。

CASE 11

最近家であんこ作ってますすさん

年齢 25

無職歴 6カ月

性別 男

現在、母とふたり暮らしで親子でダブル無職。大学を二浪していたので今年の3月まで学生。作家志望で4月からはアルバイトをしようと思っていたが、コロナの感染が広がり緊急事態宣言まで出る事態。外で働いて陽性反応が出たりして2週間隔離されるのは考えられないため、いっそのこと無職になることを決断。

母は去年離婚し、今は通信講座を受けながら翻訳で身を立てることを考え、母は翻訳、僕は小説の勉強に取り組む日々。給付金の10万円も本に注ぎ込み、小説が書け次第、新人賞に応募していく予定。無職で追い込まれているが、希望には満ち溢れている。早くベーシックインカムが実現されたらと思う今日このごろ。

ひろゆき　いやあ、このタイプの人は夢を見すぎだと思う。でも、成功例に『ハリー・ポッター』の作者J・K・ローリングさんがいるんだよね。彼女はシングルマザーで生活が成り立たなくて、生活保護をもらいながら書いたのがハリー・ポッターだったのよ。

ひげおやじ　そっか。

ひろゆき　いわゆる文才のある無職は大抵ダメになるけど、たまに大成功する人がいる。だから、無職は完全に失敗なのかというとそうでもなく、一つ前のエピソードの「上で待っている人」もわりと面白くて人の目を引く文章を書けるわけで。そういう人がちゃんと作品を世に出せるようになっていくと面白いものが増えるかなと思いました。

ひげおやじ　ひろさんは以前から、ベーシックインカムはそういうところに役に立つかもしれないという話をしているもんね。

ひろゆき　「上で待っている」人には、必要ないかもしれないけどね（笑）。でも、無職で暇だと文才が上がるのか、それとも文才のある人が無職になるのか。

ひげおやじ　僕の経験値で言うと、無職になると文才は上がる（笑）。

ひろゆき　でも、ブログ文化の時代はみんな長い文章を結構書いてたもんね。逆にX（旧Twitter）だと文才が上がらないかもしれないけど、ブログを書いている人は文章がうまくなるよね。

ひげおやじ　Xはどちらかというとパンチ力とか企画力のほうがうまくなるのかな？

ひろゆき　うん。記事のタイトルとかキャッチ作りとか、コピーがうまくなるよね。

ひげおやじ　140文字に収めなきゃいけないからね。

第二回「天下一無職会」を終えて

ひろゆき　第二回の「天下一無職会」が終わりました。

ひげおやじ　お疲れさまでした。ということで、無職エピソードを振り返りつつコメントのエピソードも拾っていこうと思います。

【コメント】

「コロナ禍でのパワハラが原因で正社員の妻が5月に退職。最初はすぐに働くと言っていたが、最近はタウンワークを持ってくるだけでその他は何もせず。仕事をしてくれと頼むと悲しそうな顔をする。どうしたら働いてくれるのか？ちなみに私の年収は380万円くらいで、生活がなかなか厳しい」

ひろゆき　年収380万円くらいならふたり暮らしはできるんじゃないの？

ひげおやじ　「今どこに住んでいるのか」「子どもがどうなのか」とかもあるのかもしれない。

ひろゆき　子どもはいないでしょう。子どもがいるのなら奥さんは子どもの世話でいいし。

ひげおやじ　確かに。

ひろゆき　家賃が高ければ引っ越せばいいんじゃない？「無職でいさせてあげてよ」というコメントもあるけど。

ひげおやじ　そうなんだよね（笑）。

ひろゆき　でも年収380万円だったら税金は20％いかないでしょうね。そうなると可処分所得は月20万円以上あるので、ローンがなければそんなにキツくないいんじゃないかと。

ひげおやじ　額面では月に30万円を超えているのかな？

ひろゆき　手元に二十数万円は残ると思う。だから家賃が高めだったとして月10万円。奥さんが無職だったら家で料理してもらえばいいし。

ひげおやじ　そうね。コメントにあったんだけど「奥さん、先に上に行っちゃいましたか」と書いてあったよ。

ひろゆき　あはは（笑）。奥さんが上に行ったんだから喜べよという。

ひげおやじ　先に上がっちゃったからね（笑）。

ひろゆき 確かに旦那さんは働く係だから下のほうだけど、旦那さんがいるから奥さんは上に。働けと言われると悲しそうな顔をしているけど、それは上から見下ろしているからだよね。

ひげおやじ それってやっぱり理解されないんだという顔でしょうね。

ひろゆき 奥さんは「庶民はわからないんだ。上で待っているね」という悲しそうな顔をして、見下しているんだろうね。

ひげおやじ 怖えぇ(笑)。まあ、少し休ませてあげるといいかもしれないですね。パワハラはキツいと思うので。

【コメント】

「母がマルチにハマっており今のニート生活に支障が出そうなので論破してほしい。利益を上げるにはかなりの営業が必要で、その間に友達を失うかも」

ひげおやじ これはどこからいったらいいの？　まず、マルチにハマっているという話はわかりました。ただ結果としてニート生活に支障が出そうだというところで、この話はなんか萎えるよね。

ひろゆき　そうだね。もう諦めておまえが働けという話です。

ひげおやじ　マルチでもいいから働け、みたいな。だから「ニートをやめろ」がたぶん答えなんだろうね。

ひろゆき　うん。でも、生活がキツい人ほどマルチとかに一発賭けて余計に落ち込むよね。余裕のない人のほうがマルチにダマされやすいような気が。

ひげおやじ　本来は余裕のある人のほうが考える余地があるんじゃないかな。

ひろゆき　大学時代の僕はお金も全然なかったけど、そんな僕のところにいい話がくるはずないと思っていたんだよね。マルチ的なものに参加するのが僕は好きだから結構参加して話とか聞くんだけど、そもそも何のお金もない大学生に説明する時間を割いている時点でこいつらは全員無能だというのはわかっているわけですよ。

ひげおやじ　すごいな、君。

ひろゆき　だって本当にうまくいくんだったら、僕のなけなしの10万円じゃなくて、金持ちを口説いて1000万円とか取ったほうがいいわけで。儲かるのなら金持ちがガンガン投資するわけだから、大学生の10万円を狙って、わざわざ時間なんか費やすはずがない。なので、儲かっていないし時給も低いんだなというのはわかる。それで話を聞いてもその程度なのね、という感じで微妙だったし。

ひげおやじ　若い頃の君は「そういう話が来る俺は特別な人間なんだ」みたいな万能感とかはなかったの？

ひろゆき　だって選ばれたわけじゃないから（笑）。「池袋のメトロポリタンホテル何号室でマルチの集会がある」みたいなチラシを見て、「マルチだ！　面白そう！」と自分から喜び勇んで行ってるので。

ひげおやじ　偶然、僕が選ばれたみたいな運命とかは……ないね。

ひろゆき　そのチラシは偶然見たけどね。

ひげおやじ　そっか。それは冷めた目で見るわ。というか、もう最初から冷めてるよね。西村くん。

ひろゆき　そうだね（笑）。その集会はグループで集まってひとりずつ口説いていくんだけど、僕はたいてい最後になるし、口説いてもしょうがねえや感がある。要は、最初に僕と話をしてほかの人が引いちゃうとマズいからしゃべらせないようにしているという。その空気はどこでバレるんだろうなっていつも疑問。

ひげおやじ　君、よっぽどなの？　そんなに斜に構えているの？

ひろゆき　たぶん話を聞いている最中に鼻で笑っているんだろうね。

ひげおやじ　わぁ、本当に嫌なやつだ。僕なんかセミナーを紹介されたら必ず一番前の席に座るよ。その講師の真正面のど真ん中の席でずっとニヤニヤしたり、「そんなに儲かるんですか!?」とオーバーリアクションで結構驚いたりするよ。

ひろゆき　君は嫌な性格のやつだね。

ひげおやじ　いやいや。だって信じられない世界が広がっているからね。

ひろゆき　面白いんだよね。ただ、マルチの集会はコロナで相当難しいと思う。

ひげおやじ　オンラインだとどうしても引きが弱くなっちゃうし。

ひろゆき　ピッと（退室して）すぐに逃げられて終わりだから。リアルで囲い込むとその場からなかなか出づらい状況ができる。だから「お祈りさせてください」の人たちも今は結構キツいだろうね。

ひげおやじ　確かに。コロナ禍だと2メートル離れてお祈りしていただかないと。

ひろゆき　「密です」と言われちゃう。最近は「密です」とはみんなもう言わないの？

ひげおやじ　いや、言うかな。特に番組を制作していたりすると距離感が縮まる瞬間とかがあるから、「ソーシャルディスタンス」「密です」というフレーズは使いやすいよ。

ひろゆき　短いからね。

【コメント】

「某地方自治体公務員。今年、若手は無給でも30分早く来て働くという謎の風習がある職場に入ってしまった。スルーしていたら先輩たちにいじめられるようになったのだがどうすればいいか」

ひろゆき　労働基準監督署に行きましょう。

ひげおやじ　自治体公務員が労働基準監督署の人だったらどうする？

ひろゆき　ないない（笑）。要は、公務員は民間と違って法に完全に従って動きます。法律に従わない状態の場合、それを突っ込むとすぐに元通りになるので。

ひげおやじ　なるほど。

ひろゆき　たぶんいじめられるのは続くんだけど、配属が変わります。こいつは面倒くさいから外そうって。

ひげおやじ　確かに確かに。公務員を辞めさせるのは難しいし。しかし、公務員ですらそんなことをするのはスゴいな。

ひろゆき　日本はそうなんじゃない？

ひげおやじ　みんな真面目だね。

ひろゆき　だって学校の先生は公務員だけど、部活は全てサービス残業じゃん。

ひげおやじ　あれはおかしいよね。残業をちゃんとつければいいのにね。

ひろゆき　つけたら学校が回らないんじゃない？　すごい金額になると思うよ。

ひげおやじ　そこで気づくんじゃない？　「部活には専門の人をちゃんと入れたほうがいいや」とか、「ちゃんとしたトレーナーがついて正しい指導を」とか。

ひろゆき　そのほうがいいと思うんだけどね。暇な無職も多いし。

ひろゆき × ひげおやじ

スペシャル対談

vol. 2

日本を豊かにしたければ、低所得者を働かせるな!?

バカンスの必要性

ひげおやじ　無職であることを「ダメだ、ダメだ」と自らを追い込んで、結果、無理やり働いて余計にダメになった人の話を、ネットでよく見るんだよね。要は疲弊してつぶれていく。

ひろゆき　鬱病になるパターンね。

ひげおやじ　そう。でも本人たちも鬱になってまで働きたくないんだよね、本当は。これ日本人だからだと思うんだけど、みんな責任感が強い。やんなきゃいけないとかね。結果は出てなくても頑張っていることが、自分が生きている証しだと勝手に錯覚しちゃう。でもそんな頑張りは持続しないし、1年とか2年でリタイアして、「今まで何だったのか?」と虚無感に襲われてしまう。そうなるぐらいだったら無職のほうが絶対にいいよ。

ひろゆき　それで自殺するぐらいなら無職でいいし生活保護でいいよね。

ひげおやじ　そう。最低限、命を守るという意味では、僕は無職という手を打つのは全然アリだと思うな。

ひろゆき　んー……結論としては、バカンスが必要である、ということかね。

ひげおやじ　バカンス？　外国の方がよくやっていらっしゃる？

ひろゆき　そう。フランスだとだいたい1カ月、スペインでも1カ月半でイタリアだと2カ月休むとかね。あれ、サボりまくっているわけだけど、そういった国と日本の生産性に差があるかといえば大差はないわけで。なぜそういう状況になるのかというと、ヨーロッパでは会社がバカンスを取らせるし、それでも仕事が回る構造になっているから。バカンスで休んでも代理の人が必ず入るし、代理の人のためのマニュアルがあったりもする。それが年1回必ず行われるから、休んでも大丈夫ということで責任感からも解放される。

ひげおやじ　ああ、なるほどね。

ひろゆき　そして、これは日本にもあったほうがいいんじゃないかなと思う。

ひげおやじ　でも、その人でなければできない仕事もあったりするんじゃないの？

ひろゆき　もちろん、そういう仕事もあるんだけど、少なくともその仕事をやらなくても会社は回るようになっている。

ひろゆき　自分がいなくても回ったりすると、逆に干される怖さはないのかな？

ひげおやじ　干されるのは、強制的な休みではないからだよ。日本の場合、有休を取らない選択肢があって、休んだら誰かが自分の場所を取るんじゃないかと考える。でも、フランスの場合は社員に休みを与えない会社には罰則があるから、休ませざるを得ない。

しかも全員横並びで休むから、〝仕事を取られる〟という概念にもなりづらい、と。代理人の成績が自分よりよくて交代させられるとかは？

ひろゆき　フランスはクビにならない文化だから大丈夫。フランス国内に100店舗以上展開する『マークス＆スペンサー』というイギリス系のスーパーが、ブレグジットのときに80店舗を閉鎖しようとしたら、フランス政府に「閉鎖はOK！でも、クビは切れねえぞ」と言われるくらいだし。

ひげおやじ　どうするの？

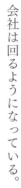

ひろゆき　給料を払い続けるよ。

ひげおやじ　すげー。働かなくても給料が出るとかボーナスステージじゃん。でも、日本では代わりがいるという状態になっちゃうと。そういう人たちはどうしたら気がラクになるんだろうか？

ひろゆき　それも時間の問題かと。日本って人手不足が進行しているので、自分が休んだら他の人に仕事を取られるという状況は、たぶん今が過渡期。あと5年もすると人が足りなくて仕事が回らない。だから休んだとしても、すぐに戻ってこいと言われる状態になると思う。

ひげおやじ　そうなるのか。まぁ、実際には自分がいなきゃ回らない状態って、それはそれでしんどくていいことではないんだけどね。

低所得者は働くな！が国を豊かに？

ひろゆき　生活保護ってダメだと思われがちだけど、日本に200万人いるから日本人の50人に1人が生活保護なんだよね。

ひげおやじ　へぇ、そんなに多いんだ!?　そんだけいるなら大丈夫だね。

ひろゆき　むしろ、だんだんと増えていて。50人に1人→40人に1人となると、徐々に認識できるようになると思う。まあ、高齢者率が高いから、高齢者の知り合いがいないと感じないかも、だけど。

ひげおやじ　それだけ多くなると、生活保護費用が続くのか心配だ。

ひろゆき　アメリカのほうがもっとひどいから。僕は生活保護者が多い国よりも、非正規雇用の年収200万円の人たちが多い国のほうが、国が崩壊するのは早いと思っているから。東南アジアとかそうじゃん。

ひげおやじ　そうなの!?

ひろゆき　うん。僕、低収入で無理やり働く人がいないほうが、実は国として豊かになる確率が高いのではないかと思っているし。だって働く人が減れば機械化せざるを得なくなるわけだけど、その仕組みをつくったら世界中に売れるから、結果として輸出産業として儲けられる。システムとか自動化とかも同じ。例えばバスの運転手が超安く雇えるなら、お金をかけてまで自動運転の技術は発達しないけど、運転手の給料が高くなったり人手が全然足りなくなれば、自動運転の技術に頼らざるを得ない。介護も同じ。そこでもし介護の自動化に成功したら、

そのシステムは世界中でめちゃくちゃ売れると思うんだよね。そう考えると、

ひげおやじ 低収入の人に労働させるのは長期的には間違っているモデルだと僕は思うの。逆にその低収入の人たちを全員、無職にしちゃおうというぐらい？　その結果、無職が好きなことに邁進して博打をして一部が当たって国が潤うし、人手不足で自動化の仕組みが生まれて、それが海外に売れて国が潤う、みたいな？

ひろゆき うん。介護の人手が足りないし、移民も受け入れない場合、日本はどうするか。技術で頑張るしかないよね。

ひげおやじ そのためには、介護ロボットに投資するか、介護をする人の負担を減らす機器を生み出してラクになる状況をつくるか。もしくは、コンパクトシティみたいにして、要介護者はこの地域に住んでくださいとするか。どれも効率的にやることになる。その効率化システムのノウハウ自体も売れる。

ひろゆき なるほどね。そうやったほうが、国全体としては幸せになるかもしれない。

ひげおやじ というか先進国はそれじゃないと稼げない。そこで介護の人たちに年収300万円で働いてくださいとなると、東南アジアの収入と一緒になってどんどん疲弊していく。

ひげおやじ　そういう意味では無職もアリというか、増やしていく必要があるってことね。

ひろゆき　生活保護じゃないけど、マカオの人は、インフレ対策とか、富の還元ということで、毎年現金を配布してもらえるんだよね。サウジアラビアとかも。

ひげおやじ　資源もあるから国民が働かなくてもお金が湧いてくるしね。

ひろゆき　恵まれた環境の国民というのは、働かなくてもいいというのが実現し始めているよね。そして、日本は豊か。サウジも石油だけでやってるわけではなく、ファンドに例えば10兆円とかお金を入れて、ファンドが年間4%とかを支払いつつ回しているわけ。この場合だと毎年ファンドが4000億円を稼いでサウジに払っていることになる。サウジは石油以外でも稼いでいるから国民はお金をもらえると。

ひげおやじ　なるほど。

ひろゆき　つまり資本がある国は、その資本でお金を生み出す構造がある。日本も効率をよくして、ちゃんとシステム化して稼ごうとすればできるはず。サウジみたいに国民全員が働かなくても大丈夫とはいかないまでも、もう少し低い割合ならいけると思う。

ひげおやじ　高効率と最小化は日本の得意な分野でもあるからね。

ひろゆき　具体的にいうと、ＩＴでひたすら稼ぐ、かな。アメリカの利益率がやたら高いのは、バカでかいＩＴ産業が異常に儲かっているからで。それ以外の部門の利益率は日本の産業とあまり変わらない。なので、利益率の高いところに資本をぶち込むことをやれば……。例えば、国債でグーグルとアップルの株を買いまくるとか。

ひげおやじ　え?(笑)でも、それは超現実的な解かもしれない。

ひろゆき　すると、世界中の人がグーグルとアップルに払うお金の一部が日本に入ってくる。それって商社がやっていることだよね。ウォーレン・バフェットが、なんで商社の株を買うかというと、商社の人たちが超絶優秀だからというより、商社が世界中で鉱山とかの権利を押さえているから。実際にロシアのガスとかの権利も押さえていたりするから、それは儲かるよねって。

ひげおやじ　究極的に効率化を目指すうえでは、低収入と呼ばれている層がいなくなったほうが効率化が進むという話だよね?　だから全員無職になったら、効率化が進みます、と。

ひろゆき　効率化を進めるためには、機械やソフトウェアを、割と給料のいい日本人が頑張って作ることになる。給料のいい日本人は、平均収入を上げて税金を払い、そして出来上がったシステムは他の国に売って儲ける。

無職を謳歌するためには……

ひげおやじ　「天下一無職会」でも無職を謳歌している人は多かったけど、無職って自己肯定感の強い人が多いよね。普通に彼氏・彼女がいたりもする。

ひろゆき　暇だから相手に合わせられるというか。だから職業としては、ヒモなんだけど。

ひげおやじ　たまに無職同士で付き合う人もいるよね。あれは、もうわからない。あとは地方住み。

ひろゆき　無職を謳歌するには自炊が必要かな。料理ができるとレシピを調べて作れるから「あそこの料理が食いたい」となりにくいし、外食したいというストレスもなくなる。

ひげおやじ　楽しいよね。スーパーへ行って買い物し、レシピを調べて作っていると一日のエンターテインメントが終わるし、満足もできる。そもそも外食はお金がかかるから。

ひろゆき　誰かに料理を振る舞う機会があれば、それが価値として認められるので自己肯定感も上がる。

ひげおやじ　あとはお金のかからない趣味かな。僕のおすすめは釣り。もちろん、本気でやろうとするとお金はかかるけど、普通に海岸で海釣りとかすれば釣った魚で食費も浮くし。

ひろゆき　東出（昌大）さんみたいな生活だ。

ひげおやじ　しかも、釣りって魚がかかるまで待っている必要があるから時間が必要だし。料理に詳しければ詳しいほど、釣った後はどうするかも楽しい。

ひろゆき　あと家庭菜園もありかも。

ひげおやじ　そうだね。あとは家でできる趣味。インターネットかね。今はスマホでできるしコンテンツもたくさんあるから、そこら辺を趣味にしていると割と強いかも。

ひろゆき　インターネットがあれば、趣味なんていくらでもあると思う。

ひげおやじ　オンラインとはいえ、リアルの人とのつながりも、インターネット上にはいくらでもあるしね。

安易な生活保護は悪いことか？

ひげおやじ　でも、生活保護が安易に波及することには、正直ネガティブなところもあるかな。今、僕が生活保護を推奨している人たちは、どちらかというと、今がしんどい人たち。「そこから場所を変えてもいいんだよ」という意味で、少し休むための生活保護だから。だけど、ズル賢いというか頭がいい人ほどラクするために生活保護をもらおうとすることがある。もちろん、ズルをして生活保護を受給するのは違法。でも、僕の肌感覚では、やっぱり真面目すぎて生活保護があるのにそれを選ばない人が多い。迷惑をかけないようにと頑張りすぎてヘタっていて、むしろ生活保護を受けたほうがいいと思うような境遇の人ほどそうなっている気がする。そこはやっぱり責任感だったり、真面目なんだなと思ってしまう。

易きに流れない人のほうが多いってこと?

ひろゆき　たぶん、頑張っている人が思っているよりも多いんじゃないかなと感じる。

ひげおやじ　「あいつ生活保護だぜ」とか、周りから言われたりすることもあるだろうし。

ひろゆき　「働いてないんだぜ」とかね。ただ、それを嫌ってつぶれてしまうぐらいなら、生活保護で全然いいのに。そういう人って朝から晩まで働いて、もう寝るためだけに家に帰って。しかも、やりたくないことをしながら、会社から微々たる給与をもらって一日を消費していく。そんな状態から先なんて見えないんだから、一度リセットしたほうがいいと思う。いきなり生活保護は心のハードルが高いけど、極端にやったほうが選択肢の幅は広がるかなと。どうなるのがベストかは人それぞれだけど、セーフティゾーンである生活保護を知れば、その手前で止まることもあると思う。

ひげおやじ　転職ができるならすればいいけど、それもできないだろうからね。

ひろゆき　それができる人だったら、たぶん、無職を選ばない。でも、最終ラインとして無職の生活保護までの幅があると理解できれば、好きなところを選べるようになる。同業他社もあれば、同じ職種、派遣社員もあれば、アルバイトとかコンビニとかも。

ひろゆき　僕は生活保護を容易に取れるようになるべきだと思う。むしろ易きに流れるようにすべき。過労死には、鬱病による自殺と注意能力欠如での事故死の2種類があるけど、少なくとも後者は転職で解決する問題ではないから。鬱病も同じで、例えば過労死といわれる人のなかには、過労で鬱病になり、そのタイミングで失恋して自殺した人もいる。

ひげおやじ　過労で鬱病にならなかったら死ななかったと。

ひろゆき　そう。そもそも過労死するような人は生活保護にはならない。仕事をしなければいけないという責任感があるから。そして、仕事を辞めてほかに移ることを考えられる人も鬱病にはならない。鬱病になるのは、「ここしかないんだ」と考えてしまう人。だから、休める選択肢は容易に取れるべきなんだよね。

同じ不正受給でも生活保護にだけ文句が出る不思議

ひげおやじ じゃ、安易に休む選択肢を取れる方法ってなんだろうね？

ひろゆき 少なくとも普通に働いている人は「過労の前兆があるから1カ月休もう」と思っても不可能だよね。なぜなら、その状況で生活保護を申請できる人なんてほぼいないから。そもそも家賃が一定基準額以下じゃないと生活保護は申請できない。

ひげおやじ 鬱病になってからだと、仕事を休んで引っ越し作業を終えてから生活保護の申請をするのも無理だろうしね。

ひろゆき なので、1カ月とか2カ月とか期間を決めて、家賃が高くても生活保護を国が出してあげていいと思う。そうやって1カ月休んだら、過労なら回復する人もいる。仮病でズルいことを考える人も出てくるだろうけど、ズルをしてもいいと思う。少なくとも診断書は必要になるし、診断書は医師が判断した働けないことの証明なんだから、それで休業補償なり生活保護をもらうというのは権利。簡単に診断書が出るとしても、それは合法。そこで責められるべきは、適当に診断書を出す医師であってズルをした人ではない。悪用するような人が増えたら厚生労働省が悪用できないように考えると思うし。

ひげおやじ　悪用する人を恐れて何もせず手遅れになる人が出るくらいなら、まずは助けるほうを優先させるのは納得だわ。優秀な人が過労で鬱病になっても回復して働いたらたくさん納税もしてくれるわけだしね。そんな人が過労で働けなくなるのは社会として損失でしかないから、それなら2～3カ月ケアのため休んでもいいよね。

ひろゆき　そもそも不正受給があることに文句が出るのって、生活保護だけだよね。例えば、コロナの給付金などを不正受給した人が大勢いて問題になったけど、だからといって「コロナの給付金をなくせ」という声はない。保険診療だって不正している人はいるわけで。

ひげおやじ　保険証を知人に貸して診察を受けさせている人も大勢いるけど、だからといって「保険診療をなくすべきだ！」みたいなことを言う人はいないものね。

ひろゆき　どんなシステムでも不正をする人は一定の割合でいるけど、だからといってシステムそのものをなくそうとはならない。なんで生活保護だけがそうなるのか不思議。不正を減らそうとなるのが普通だと思うんだけど……。頭が悪いのかな？

ひげおやじ　頭が悪いんじゃなくて、他人がもらっていて、自分がもらえないからじゃないのかな？

生活保護も年金も同じ

ひげおやじ 生活保護から抜け出せなくなるというか、これでいいやになる人もいると思うけど、そういう人たちはそのままでいいと思う？

ひろゆき 最後まで生活保護でいいんじゃない？　雇用ってマッチングの問題だから、超絶無能な人が働きたいと思っても無理だし。そもそも65歳で年金の手取りが13万円の人と、50歳で生活保護の人の生活レベルってほぼ一緒。働きたいと思っても働けないのもほぼ一緒。50歳だけど鬱々としてダメだという人は、65歳でも同じこと言ってるだろうし。

ひげおやじ まあね。15年先取りしている的な。いくつであっても、その人ができて好きなことなら頑張ればいいだけの話。

ひろゆき でも、生活保護をもらいながら、NPOの子ども食堂とかの手伝いをするとか

ひげおやじ　でも、結構やりがいがある気がするんだけどね。

ひろゆき　本人のやる気や、やりたいことが一致していればね。

ひげおやじ　うん、だからNPOのリストとかをひたすら一件ずつ回っていけば、たぶんやりたいことが見つかると思う。だいたい、65歳すぎたら、みんな年金暮らしで生活保護みたいな状態になるし。50歳の生活保護だと、よほどのスキルがない限り就職は難しいし一生生活保護レベルの収入で暮らしていく構造は変わらない。年金生活も生活保護とほぼイコールだと思うんだよね。

ひろゆき　でも医療費に関して生活保護者はタダだからね。ほかにも介護保険、雇用保険、住民税、年金保険、NHKの受信料……。

ひげおやじ　生活保護のほうが有利だね（笑）。ほら、「生活保護は現在の貴族である」っていう投稿があったけど、それは結構正解だと思うの。貴族というのは、税金で暮らしているわけで、生活保護者も言ってみれば税金で暮らしているわけだから、だから政治家と生活保護は貴族であると。しかも、生活保護者は労働しなくていい。

ひげおやじ　ある意味で生活保護者は政治家より上だ（笑）。

ひろゆき　金額が少ないから生活保護は嫌だという話はあると思うけど、じゃあ、仮に生活保護が月給50万円となったら、なりたいという人はめちゃくちゃ増えるだろうなと。

ひげおやじ　そりゃ増えるでしょう。

ひろゆき　生活コストとして50万円で満足する人もいれば30万円で満足する人もいるし、15万円で満足できる人もいる。15万円で満足できるなら、生活保護でも大丈夫なので、ある意味で貴族階級だよね。

やるべき努力と必要のない努力

ひげおやじ　でも、無職でも頑張りたい人は頑張ればいいよね。僕も頑張るのが楽しい瞬間はあるし。

ひろゆき　へ!?（笑）

ひげおやじ　いや、全員頑張れという時代じゃないのはわかる。でも、苦しくても頑張ってみて、もし結果が出たりすると達成感が得られることもある。そして一度でもそれを味わうと次は頑張ることが苦じゃなくなる。だから、頑張ってみてもいいんじゃないかな？

ひろゆき　「頑張る」を「努力」という言葉に置き換えると、みんな努力という言葉を２種類の意味でごっちゃにしている気がするんだよね。例えば、ゲームは好きだけど、レベル上げは面倒くさい。でも、その面倒くさいレベル上げの結果、ゲームをクリアできるようになる楽しさに面倒くさい部分もある。ひげさんの仕事もそれです。この成果を上げるために、面倒な領収書の作業とかがある。

ひげおやじ　ダルい仕事、たくさんあるよね。

ひろゆき　そのダルいこともやった結果、楽しいが得られるからやっている。マラソンとかランニング、筋トレも同じ。料理嫌いにとって料理は苦痛だけど、料理好きなら苦痛じゃない。

ひげおやじ　わかるわ。掃除もそうだよね。

ひろゆき　努力という言葉を「嫌なことをやる」という意味で使っているのであれば、僕は努力はしなくていいと思う。対価をもらうためには努力も必要だとは思うけど、その話の場合は全体の中の「この仕事のこの部分は楽しい。この部分は嫌い」という割合の問題かなと。

ひげおやじ ああ、そうだね。それで1億円をもらえるなら多少のことは我慢する。

ひろゆき 要は得意ではない、好きではない作業でも、その先にある何かが欲しいのであれば、人は結構頑張れる場合がある。それを努力というのかどうか。少なくとも僕は、「やりたくはないけど、やらなければいけない努力」は、やる必要がないと思っている派。なぜなら向いてないから。

ひげおやじ 目の前にニンジンがぶら下がっていないのにダッシュする意味はないけど、ニンジンがぶら下がっているならダッシュする意味はあると。

ひろゆき うん。だから、体育会系の人は、試合に勝つために、練習という努力をする。練習はその先にある成果、勝利というニンジンを得るためのもの。だから自分でも納得がいくんだよね。それはニンジンでなくて満足感でもいいの。家庭菜園が大好きでも全然いいんじゃない？

ひげおやじ 無職期間って、その向いているものを見つける時間でいいんじゃないか？　向いていない努力をしなくていいよ、と一緒だけど。

ひろゆき「学生時代に見つけろ」と言う人もいるだろうけど、そんな時間はないからね。

ひげおやじ　いや、あるでしょう。少なくともバイトをする時間とかは全然あるわけで。

ひろゆき　うーん、今の時代、人間関係を結構重視する人はいろんな趣味に呼ばれるから忙しいんだよね。地元の中高時代の人とも普通に連絡を取る時代だから。僕らが学生のころは、中高の友達とは連絡を取れないから呼び出しも少ないし。

ひげおやじ　スマホの悪いところだね、ＬＩＮＥグループとかの。

ひろゆき　それで行かなかったりすると、「あいつ最近、付き合い悪いよね」という噂が広まるから、いろんなところで八方美人でいなきゃいけない。人間関係に時間を取られるんだよね。そして、友達の多い人は無職になる割合が低い。

ひげおやじ　友達が多いってことは基本的にコミュ力が高いってことだから、仕事では需要があるしね。

ひろゆき　ある程度のコミュ力があれば面接も通るしね。もちろんコミュ力があっても生活保護を受けたければ受けてもいいけど、そういう人だったら生活保護を受給せずに、紹介された仕事をして普通に給料をもらったほうが精神的なストレスは少ないよね。

第三回

天下一無職会

CASE
12

みにまむさん

年齢
22

無職歴
?

性別
女

7月に入社したデイサービスを辞めて、元日より無職。6日に生活保護の申請をしにいく予定。NPO法人の方が同行する予定ですが、初めての経験なので今からドキドキです。親とは仲が悪いので、扶養照会をされないように全力で泣きつくつもり。頑張ります。

ひろゆき　この人はどうなったんだろう?

ひげおやじ　6日に生活保護の申請をしに行ってるので結果は出ていると思います。

ひろゆき　生活保護をもらうときはNPOの人を連れていくと通りやすくなるんですよね。

ひげおやじ　そうなんだ。

ひろゆき　役所の人は水際作戦なので「こういうのじゃダメだよ」と言うんだけど、NPOの人は「これで通った人がいます」みたいな実例を持っている。そこで役所が間違ったことをやったりNPOと戦って負けたりすると、上司に「何やってんだよ」みたいに言われる。だから役所の人もNPOの人とは戦いたくないの。

ひげおやじ　確かに。失敗談として送られてきたのが、「退職の意思を伝えた後に体調不良になり適応障害と診断。何か手当はないかと調べたが、入社半年未満だと使えないものが多く精神的に落ち込んでいたこともあって諦めた。しかし、協会けんぽだと半年未満でも手当は使えるらしいと最近知るも、退職後は使えないらしく手遅れ。無知な自分に呆れた」。

ひろゆき　会社は健康保険に入っているんだけど、健康保険によってはその被保険適用者だけがもらえる手当がちょこちょこあったりする。ネットで調べた場合は一般的な健康保険の手当の情報しかない場合もある。なので、そこもちゃんと調べてから会社を辞めたほうがいいですよ、という役に立つ話があったので採用しました。

CASE 13

高徳ネコ先生さん

年齢
43

無職歴
約10年

性別
男

ホームレス時代に東京都内でホームレスの友達ができた。まだ20代の女性であるその知り合いがアルコール依存で肝臓を壊して亡くなったときはショックだった。結局、葬式すらしてもらえず、ただ火葬場で焼かれて無縁仏になるというだけの最期。実際にそういうことがあるんだなと思った。今は仏道に目覚めて毎日が修行中。

ひろゆき　待って。仏道に目覚めている人を無職というの？

ひげおやじ　この人は仏道で稼ぎがないんでしょうね。

ひろゆき　お坊さんの修行をしてらっしゃる方なのか。それとも仏道に目覚めて毎日を修行しているただの無職なのか。だいぶ違うと思うけど。

ひげおやじ　この方は山にこもるタイプじゃない？　山にこもって自然が師匠であると。

ひろゆき　山にこもっているお坊さんであれば、ＹｏｕＴｕｂｅで「天下一無職会」を観ていないよね。

ひげおやじ　あはは（笑）。下山してたまたま目にした動画が「天下一無職会」だったという。

ひろゆき　でも、ホームレスのときはホームレスの友達ができると思うんだけど、一時的ホームレスと万年ホームレスの割合はどれくらいなんだろうね。

ひげおやじ　一時的ホームレスって何？

ひろゆき　1～2年だけホームレスをやって社会に戻る人はいるよね。

ひげおやじ　いや、見たことない。

ひろゆき　この人も「ホームレス時代に」と書いているから、自分はホームレスじゃないという自覚はあるんでしょ。でも、世間的には一緒だけどね。

ひげおやじ　まあまあ。でも、自分の未来が予想つかないし、もう何もない。だからホームレスになっちゃったわけでしょう。で、たまたま復帰できたから一時的ホームレスということね。

ひろゆき　そうそう。でもNPOの人は話しかけに結構行ったりしていて。なかには住所がないから就職できないと思っている人もいる。でも実は、「住所はこうやったら借りられるよ」とか、「うちの事務所の住所を使っていいよ」とかで社会復帰を結構させてくれる人たちはいる。だから戻る気のある人は割と社会復帰できたりするんだよ。

CASE 14

よっすさん

年齢 41

無職歴 10カ月

性別 男

昨年2月に16年勤めた会社を辞め、愛犬と共に車で生活しながら趣味であるサーフィンを楽しんでいる。辞めた時期がコロナ禍ということもあり、税、社会保険料ともに大幅に減免され、無職になると共に賃貸マンションも解約したため、毎月5〜6万円程度で生活。春から九州の南の方で海を眺めながら寝起きする快適な日々を送り、夏には現地で知り合った20歳年下の女性と交際することに。しかも秋には失業給付金をもらい終える予定だったが、コロナ禍の施策として給付が2カ月延長。無職になってからというもの、今のところ何ひとつ不自由なく、むしろ順風満帆すぎて怖いくらい。先日、交際している女性から「来年（2021年）には籍を入れて主夫になってほしい」という夢のような提案を受けた。彼女は医療系の国家資格を持っているため食いっぱぐれもなく、僕に対して仕事をすることはあまり望んでいない様子。予期せず突如出されたその魅力的な提案。僕にとっては何ひとつデメリットはないため、もちろん快諾するつもり。2〜3年は暮らせる程度の蓄えは持っているため、次の段階に進むまでは今の生活を継続の予定。コロナで世間は大変なようだが、人の少ない田舎に滞在している僕としてはどこ吹く風。少しくらいは背徳感も生まれるのかな？　と思っていたが、全くもってそんなことはない。会社員も卒業。余生だと思って人生イージーモードで楽しんでいきたい。

ひろゆき　この無職41歳は車だけで生活していてすごいね。

ひげおやじ　犬とともに生活しているみたいだね。羨ましいわ。

ひろゆき　普通に真面目に働いている会社員が、若い人と結婚したいと思ってもなかなかできない。でも、彼は医療系国家資格持ちの若い人が食わせてくれるんですよ。

ひげおやじ　しかも、21歳の女の子。

ひろゆき　完全勝ち組じゃないですか。

ひげおやじ　うわぁ。だからすごく人柄がいいんだろうね。

ひろゆき　そうか？　働かないで犬と暮らしているやつだぞ。

ひげおやじ　いや。ちょっと風変わりな人みたいな感じで、本来だったら敬遠する対象じゃないですか。

ひろゆき　でも毎日楽しく暮らしてそう。楽しく暮らしている人って一緒にいると楽しい気分になれる。そういう意味で楽しく暮らしている無職は、なんだかんだパートナーを見つけやすいのかも。

CASE 15

砂くじら12号さん

年齢 33

無職歴 9カ月

性別 男

妻と2歳の長男との暮らし。家族を持ち責任ある立場である私が、なぜ無職ライフを満喫できるのか、みなさん疑問に感じると思う。今回、私がこの生活を手に入れるまでの5年間を特別にご紹介する。

私はもともと地元の地方銀行に新卒で就職し、妻とは職場で出会った。銀行での仕事は、主に貸金業務であり、顧客の資金繰りを見ているうちに財務管理に強くなった。その特技を生かし、結婚後の家計は全て私が管理。ふたりの給料は私の通帳で合算、そこから妻に小遣いを渡すことで、妻は全くお金の流れがわからなくなる。最初のころは文句を言われたが、2〜3年経つと「家計は夫が管理する」が我が家の普通となる。これで私の無職ライフ計画の第一段階は成功。

結婚3年目になると子どもが生まれ、その子どもが1歳になり保育園に入園すると同時に、妻は銀行に復職。しかし、子どもが保育園に通うようになってからというもの、他の園児から頻繁に風邪をもらってきてしまう。そのたびに妻は有休を使っていたため、年度末には妻の有休がほぼゼロになった。そんな仕事と育児の両立に押しつぶされそうになり、妻が疲弊しきったタイミングで私はこう言う。

「在宅で起業して、オレが家事と子どもの面倒をみるよ」

最初は私の提案に驚いた妻であったが、私が真剣に起業への憧れを語り、同時に家族を守りたい気持ちを伝えると、妻は泣きながら「ありがとう」と言い、ふたりできつく抱き合った。

みなさま、おわかりだろうか？　これで無職ライフの完成。妻はこれまで家計の管理をしてこなかったため、私の稼ぎを把握できない。また適当に起業するといえば、周りから主夫として見られることもなく、親戚間で肩身の狭い思いをすることもない。当然無職なので日中は時間が有り余っており、適当に家事や保育園の送り迎えをすることで、妻からは感謝され、共働きのころよりも格段に夫婦関係はよくなった。

ちなみに現在収入は妻の給料のみだが、きちんと貯蓄もできており、無職になった後も金の管理の大切さを実感。そのうち、この経験をまとめて「堂々と専業主夫になる方法」として本にしたい。


ひろゆき「貯蓄もできており」って、これ全部奥さんの金だよ。奥さんに気づかれるわ！

ひげおやじ すごいわぁ。でも、これで書籍の印税が入ったらＷｉｎ－Ｗｉｎだよね。

ひろゆき 起業成功。というか、能力値の高い無職は総じてクズだよね。

ひげおやじ あはは（笑）。だって無職になりたいがために5年間計画的に我慢していたわけだから。

ひろゆき スゴいよね。それを5年間我慢して実行できる計画性と実行力があれば、ほかのことも成功できると思う。

ひげおやじ 本当にそう。これで起業すれば成功するタイプだと思うんだよ。

ひろゆき いや、優秀だわ。

ひげおやじ ちなみにそんな彼も失敗談をお持ちでした。「妻の扶養に入っているため、持続化給付金の対象外になってしまったこと。被扶養者の個人事業主は、持続化給付金の申請ができないため」ということで気をつけてください。

ひろゆき 本当に何の仕事もしていないのはスゴいよね。起業のまねごとをして、そこそこ何かをしていればまだいいのに。

ひげおやじ あはは（笑）。うわぁ、彼の真の姿を奥さんに教えてあげたい……。

CASE 16

こゆきさん

年齢 30代

無職歴 3年

性別 女

民生委員である母。その妹（叔母）が借金を繰り返しています。叔父である旦那さんの退職金を前借りして使い込み、勝手にアパートを借りてひとり暮らし。息子に旦那の世話をさせ遊んで暮らすも、旦那が亡くなった時点で息子（無職歴25年）も多額の借金をしていることが発覚。自己破産をしました。叔母は現在生活保護でひとり暮らしを始め、旦那が亡くなった直後にできた彼氏と70歳にして楽しく暮らしている。生活保護ってすごい！　上級国民を謳歌しイキイキしている。見習おう（笑）。

ひろゆき 民生委員は生活保護の人に「大丈夫ですか」と相談に乗ったりする人なので、どちらかというと生活保護受給者がきちんと生活ができるように指示するのが仕事。それなのに、叔母さんは上級国民になり当人も無職歴3年。これではお母さんが救われない気が。やっぱり抜け道にも詳しいから、そうなっちゃうのかね？

ひげおやじ 生き生きとしているならいいんじゃない？　70代でもモテるとか完全に勝ち組。きっと、もうこのままゴールですよね。

ひろゆき　男性は80歳くらいになるとモテるらしいよ。

ひげおやじ　なんで？

ひろゆき　他の男性が死ぬから。80代の男性は少ないしデートできるほど元気な人も少ない。だから入れ食い状態らしい。80歳のおばあさんとかを。

ひげおやじ　まじか。でも俺、80歳まで生きられる自信ないわ。

ひろゆき　その入れ食いが果たして幸せなのかはわからないけどね。

ひげおやじ　でも、一度くらいそういうのが欲しい。そうしたら俺のピークが塗り替えられるわけで。

ひろゆき　あと、こゆきさんのお姉さん「男は顔違うで、お金やで」とお坊さんと結婚したってエピソードがあるんだけど、お姉さん優秀。お坊さん食いっぱぐれない。人が死ぬだけで儲かるんだよ？

ひげおやじ　割り切ってるね。

ひろゆき　この人の家系は優秀な気が。自分のバカさがわかっていると優秀なんだよ。姉もイケメンの金持ちはつかまえられないという自分のポジションがわかっていて、そこを最大限に利用している。お母さんは民生委員なんだけど、それ以外はクズという。

第三回「天下一無職会」を終えて

ひげおやじ　アフタートークということで、今回の第三回「天下一無職会」はいかがでしたか？

ひろゆき　感想があることを忘れていたわ。でも、やっぱり無職ってバリエーションが多いよね。

ひげおやじ　うん。特に今回は手を替え品を替えでしたね。

ひろゆき　真面目で苦労したことで鬱病になり、それで生活保護を受けるパターンは、実はそんなにバリエーションがないんだよね。でも、いろんなクズがこんなにいるのはなんでだろう……。

クズな無職のバリエーション

ひげおやじ　人生は人それぞれだということがよくわかるよね。人生って家族構成とか、どういう仕事に就くかでも変わるじゃない。例えば、工場勤務で、6000万円の機械を壊したりとかすることもあるし。

ひろゆき　はいはい。要は、悪いやつって実はそんなにパターンがないんだよね。人の欲望ってお金が欲しいから悪いことをするとか、手にしたお金で風俗とかキャバクラとかで女に貢ぐとか、せいぜいそんなもの。だからルーティン化がたいていはできます。でも、クズのクズたるモチベーションというか行動パターンは多すぎるよね。

ひげおやじ　いやぁ、クズは本当にスゴいよ。あと、余裕があるからこそ、「天下一無職会」に投稿してくれているわけで。だから読みごたえもあるんだろうね。

ひろゆき　てか、余裕のあるクズって能力値が高いんだよね。能力値が低いクズは単に面白くないまま、ひもじい思いをしているだけなんだけど。

ひげおやじ　そうそう。

ひろゆき　いやぁ、勝ち組感が強いよね。

ひげおやじ　そうね。ただ今回よかったなと思うのは、ボツにしたものも含めて本当にヤバい人がほぼいなかったことだよね。

ひろゆき　ああ、ガチ犯罪者とか。

ひげおやじ　そうそう。昨日、人を殺めました、みたいなことがなくて。

ひろゆき　でも、男性の主夫率がちょっと増えた気がするような。

ひげおやじ　確かに。主夫が家庭を守るというね。

ひろゆき　うん。まあ、5年間計画的に主夫になった人ほどの人はいなかったけど(笑)。

ひげおやじ　あの主夫はスゴいね。だから社会的に女性が強くなってきたということじゃないかな。女性の仕事の働き口もちゃんと増えてきたりしているし。

ひろゆき　昔は男性のほうが稼いで給料も多かった。でも、今は女性のほうが給料が高いケースもだいぶ増えてきたからね。

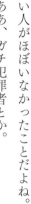

第四回

天下一無職会

CASE 17

カミシンさん

年齢 27
無職歴 1年
性別 男

3年間広告代理店で営業をするもADHDと診断され、無能すぎて退職。精神障害者は、失業手当が通常3カ月から10カ月に延びる。また、月2回の求職活動も一度で済むため、ハローワークで「薬なしで生活できるように調整してて求職どころじゃなくて……」と適当なことを言い、月一回10分の作業で15万円もらっている。

僕はひろゆきさんのような多動型の有能タイプのADHDではなくて、ASDを併発したタイプのADHD。どうせこの先まともな就職も結婚も人間関係もできないので、これくらいの権利は当然だと思う。

通勤時間帯に駅周辺をランニングして、僕のために働いているサラリーマンを横目に汗を流すのが日課。この放送を見ている方で精神障害者の方がいらしたら、診断を受けて手帳をもらうことをおすすめ。これからは鬱や不安障害をでっち上げて障害厚生年金をもらいながら生活していきたい。

ひろゆき もう完全に出来上がっていますね。完全体ですね。

ひげおやじ　いや、結構失礼だよ。

ひろゆき　でも、このタイプの人はすでに人生のゴール確定だから、もう誰にも文句を言う余地がないわけじゃん。「確かにその生き方はいいですよね」で、終わりだから突っ込みの余地なし。

ひげおやじ　そうね。でも、僕のために働いているサラリーマンを横目に汗を流すのが日課らしいですよ。

ひろゆき　生活保護の人は「世間体が」と言って、どちらかというと人に見られないようにしようとするじゃん。

ひげおやじ　まあまあ。

ひろゆき　彼の場合は見られるのも気にしないし、むしろ庶民どもを見に行っているわけだからやっぱり上だよね。

ひげおやじ　おっしゃるとおり、上の方でございます。

ひろゆき　世間体的には働いている庶民を見ている有閑階級の俺という上ポジションにいらっしゃるわけだから。

ひげおやじ　なるほど。

CASE 18

農夫1号さん

年齢 23

無職歴 1年

性別 男

新卒の就活で一部上場の広告系企業に内定。だが、東京に引っ越すのが嫌で内定は辞退。大学を卒業後、惰性で文系の大学院に進学。しかし一度も通学することなく、中退後は曖昧に引きこもる毎日。

何もやることがなく暇だったので、最近祖母が行っている果樹農業を手伝うことに。朝早くから太陽の光を浴びて体を動かすうちに、少しずつ気持ちが前向きになり元気になった。

もともと人間関係が苦手で仕事から逃げていたが、農業は植物相手なので集中して取り組める。将来は農家になるべく最近勉強も始めた。今はほとんど収入はないが、前向きに頑張っていきたい。

ひろゆき　「天下一無職会」に応募する無職の人にも普通の人がいるんだね。ダメな無職しかいないのかと思っていた。

ひげおやじ　何百通もきてますから見てください。輝いているのは、この方だけでした。

ひろゆき　そうなの？（笑）

ひげおやじ　みなさん、なんとかチートスキルを手に入れようとか、裏技で何とか脱出しようとか、ひろさんのところに集まる人はそういう方ばかり。

ひろゆき　無職って一発逆転を狙うのは何なんだろうね？

ひげおやじ　もう今を諦めちゃってるんじゃない？　そりゃ異世界転生モノがはやるわけですよ。

ひろゆき　ゲームでは経験値を上げてレベル上げるとか、積み重ねてちょっとずつよくなっていくことはみんなやるわけじゃん。なんで人生だけ一発逆転を狙うの？

ひげおやじ　まあ……（笑）。ほかの手をもう思いつかないんじゃない？

ひろゆき　ちょっとずつ働いて評価を受けて時給とか昇給とか出世とかあるじゃん。

ひげおやじ　ごめんごめん。それで言うと、「天下一無職会」にいる人たちにそういう人はいないということね。

ひろゆき　確かに日曜の夜に「天下一無職会」とか聞いてないよね。

ひげおやじ　たぶん明日の仕事の準備とかをされてらっしゃいますから。

ひろゆき　確かにね（笑）。「無職に天下一とかねえだろ」という話ですからね。

ひげおやじ　あはは（笑）。

CASE
19

カズキさん

年齢
23

無職歴
?

性別
男

19歳のときに始めたバイト先が、給料天引き深夜手当は払わないなどのブラック企業。それが許せなかったので労基署に行き、無事に天引きされた分と深夜手当を払ってもらったが次の週からシフトをゼロにされた。

労基法については勉強していたので、働いてなくてもそれが会社都合ならお金をもらえることを知っていた。なので、これはおいしいと思い給料の未払いが請求できるマックスの2年経てから労働審判を起こして無事勝訴、300万程度をゲット。労働審判は比較的簡単で弁護士に頼らなくても全部自分でできるので費用は手数料数千円しかかからず。

またブラック企業を見つけたら労基署→労働審判をやろうと思う。今は未払いの給料を請求できるのは3年までだが将来は5年になる予定らしいので楽しみ。

ひげおやじ　すげえ……。

ひろゆき　いや、この人は優秀だね。

ひげおやじ　でも、いいことを聞いた。そんなことができるんだ。

ひろゆき　こういうタイプの人が世の中に増えると、ブラック企業が減るからもっと頑張って働いていただけると。働いているのか無職なのかよくわかんないけど。

ひげおやじ　(笑)。でもおいしいよね。だって会社都合で働かないでくれといわれて、席はあるけど労働していないということでしょう？

ひろゆき　うん。シフトゼロになるタイプ。今だと飲食店とかは割となりがちだからね。

ひげおやじ　でも今、飲食はキツいから、これをやられちゃうとすごくツラいだろうね。

CASE
20

ネコ科さん

年齢
23

無職歴
6カ月

性別
男

新卒1年目にして精神疾患の診断書を理由に休職して半年になる者です。私は就職活動中から一貫して定時を厳守、サビ残はしない、自分にできない仕事はやらないを信条に妥協しなかった結果、同僚や上司から退職を促されたり、人間性や考え方まで疑われる。しかし、何を言われてもニコッと愛想笑いでごまかし、定時で帰宅。冬のボーナスをもらった後に精神科を受診。今は休職手当で生きる日々。

働くことの大変さを体験できたので何もせずにお金が入ってくるありがたさを噛みしめながら、昼に起き、今も午後のロードショーを見ながらビールを飲ませてもらう。支給される金額で生活できることもわかったので、休職手当が続く限りは退職願は出さず、現役を退いた後はちょうど手元に診断書もあるのでNPO職員を伴って、生活保護を申請し、日本国民の皆様の税金にこれから半世紀ほどお世話になるか、それとも僕の性格に合う仕事を探すかを考え中。

ひげおやじ　素晴らしい、この人は完璧だよね。

ひろゆき　最近無職になる人で定時で帰るサビ残しない系の人は結構いるね。

ひげおやじ　まあまあ。でも、そういう契約だったら別にいいよね。

ひろゆき　誰も文句を言えないしね。法律を守っているだけだからむしろ清々しいと思う。

ひげおやじ　一般の新卒1年目とかは頑張らなきゃいけないという気持ちになりがちなんですよ。でも、そうじゃなくてもいいんだよと。今、悩んでいる方がもしいたらこれを読んで、心がちょっと軽くなってもいいんじゃないかなと思いました。

ひろゆき　でも、サービス残業もしないし定時で帰るのに、精神科で診断書もらえちゃうということは心が壊れちゃったわけじゃん。これは残業したほうが壊れなかったりするの？　同僚とか上司からそういう目で見られるのが嫌なんじゃないのかな。

ひげおやじ　これはそうだね。日本人という言い方は悪いけど、そういう習性とかはやっぱあるんじゃない？

第四回「天下一無職会」を終えて

ひろゆき　第四回「天下一無職会」が終わりました。なんか笑える無職が減ったよね。コロナ前は結構笑える無職が多かったんだけど、応募中にメンタル病んじゃった系の率があまりに高い。

ひげおやじ　そうなんだよね。僕らって、この無職エピソードを見てちょっと笑い飛ばしましょうみたいなポイントがあるじゃない。

ひろゆき　はいはい。

ひげおやじ　でも、ちょっと笑えないというか、心配になっちゃうコメントが多かったよね。

ひろゆき　普通の無職だよね。すごく悪いやつだから無職になったとか、無職でお金もないけど楽しい野宿をしているみたいなものじゃなく。なんか仕事がなくなったとか仕事で病んでしまって生活保護をもらっている、というごく普通の無職の割合が増えた気がしていて。まあ、普通の無職って何だ？　という話ではあるんだけどね。

ひげおやじ　あはは（笑）。まあ、残念ながらそれでは天下を取れませんよ。

ひろゆき　そうですね。「コロナが長いから」というコメント。

ひげおやじ　そうなんだよ。

ひろゆき　そういえば、誰が天下一か決めてなかったね。

ひげおやじ　毎回それです（笑）。

ひろゆき　そうだね。いつも決めてないね（笑）。

ひげおやじ　なんで決まっていないかというと、第一回のときにひろさんがおっしゃっていた「無職に上も下もねえよ、バーカ」というあの言葉でそうなりました。覚えていないかもしれないですけど。

ひろゆき　あ、そうなんだ。でも最近、無職って庶民より上だよね。

ひげおやじ　まあ、ここで紹介されている方々が上で待っている方々だね。

ひろゆき　はいはい。「私は上で待っている」の人もコロナ禍でだいぶ上に行っちゃった。ほら、言わんこっちゃないと思っているんだよね。

ひげおやじ　あはは（笑）。そうだよな。あと、文豪効果か文章の長い方が増えましたね。とはいえ、短い文章でパンチ力のある人とかが採用されやすかったのかな、とは思います。

ひろゆき 確かにそうっすね。ほかにもベーシックインカムの話を聞く機会が増えた気がする。

ひげおやじ やっぱり頼りたくなっちゃうんじゃない?

ひろゆき なんか不景気だよね。「希望の党」や「日本維新の会」がベーシックインカムと言ってみたり政策に入れてみたりして、普通の人もベーシックインカム的な話をするようになってきた。あと、「ナマポを取っていいじゃん」というのが割と当たり前になっているし。

ひげおやじ それは確かにそうね。

働かないほうが長生きする!?

ひろゆき 寿命が延びているんだよね。

ひげおやじ 寿命って延びているの?

ひろゆき　もう止まったの？　もっと延びているんじゃなかったっけ。

ひげおやじ　そこら辺は全然知らなかったわ。

ひろゆき　日本人の寿命がスペインに抜かれたというニュースを見たときに、一応延びてはいるのを見た気がする。スペインってヨーロッパでは貧乏な国。EUのお荷物扱いでみんな働かねえという国なんだけど、なぜか寿命は1位という。

ひげおやじ　本当だ！　スペインは日本を抜いて世界一の長寿国へ。

ひろゆき　働かないほうがストレスが溜まらないから長生きするということ。

ひげおやじ　それはそうかも。しかも最近はむちゃな働き方をさせるから、もうしょうがないんじゃないのか？

ひろゆき　アメリカとかドイツとかの平均寿命が長いのは医療技術が発達しているからとか何か理由がありそうなんだけどね。ただ偏見だけど、スペインとかは絶対に医療技術は発達しないと思うんだよ。

ひげおやじ　ど偏見ですね。と、そんなわけで「無職会、面白かったです。こういうのが落選するというのを教えてください」というコメントがあったんですけど、さっきの話です。

ひろゆき 笑えない無職だよね。

ひげおやじ 頑張って無職を磨いてください。

ひろゆき でも、なりたくてなる無職と、なりたくなかったけど無職になってしまった無職がいるわけで。なりたくてなった無職は読んでいるとたいてい面白いんだよね。働く気はねえ！　みたいなところから無職を選んでいるから特に悲壮感もないし、こんな感じで生活を楽しんでます、みたいになるんだけど。

ひげおやじ うん。まあ事故に巻き込まれて無職になってしまった方だと、おそらくその後に谷を越えて「また就職になりました」というくらいじゃないか。

ひろゆき だから谷に落ちていると捉えちゃうんじゃない？　無職を選んだ人は、上にいってるわけだから。

ひげおやじ 確かにその通りだわ。これは一本取られた。でも、無職だよ？(笑)

ひろゆき 要は、生活保護になると貯金とか資産が持てないので、さすがにナマポはキツいよとなるんだけど。献血に行くのは結構アリな気がするんだよね。食費やエンタメ代もタダになるので屋根さえあれば何とかなるじゃん。

ひげおやじ そうだね。

ひろゆき　ただ若いうちだと日中は献血ルームに行って、夜は寝るときだけ友達の家とかに泊まって寝る。それでいくとほぼお金がかからなくても無職として全然楽しく暮らせる気がするんだよね。

ひげおやじ　そこからもう一歩いくとしたら日本で売血をするかどうかだよね。売血をやってくれたほうが献血率はもっと上がると思うんですよ。

ひろゆき　うん。

ひげおやじ　ひろさん的にはあまり刺さらない？

ひろゆき　いや。僕も賛成ではあるんだけど反対側の意見もわかる。要はお金がない人は血を売りにいけばいいとなってしまうわけで。それはよくないからそうならないように売血はやめているんだと思う。

ひげおやじ　ダメか。

ひろゆき　自由意思の強さがどれくらいかだよね。「俺は金はないけど売血なんかしねえぞ」と言えるのか、「金がないなら血くらい売ってこいや」と言われてしまうのか。要は、「腎臓を売れ！」「肝臓を売れ！」みたいな話が昔はあって。あんな感じで、「金がないんだったら血くらい売ってこい！」が結構当たり前になってしまうのが日本の文化なのかなと。

ひげおやじ　おそらく、そんなに血を売っても二束三文になってしまうのかなと。売ったら即、金になると、たぶん血がダブつくと思うんだよ。

ひろゆき　でも、アメリカでもいいところでは一回5000円とかで売れるらしいよ。

ひげおやじ　そんなにもらえるの？

ひろゆき　うん。安い場所だと20ドル、高い場所だと40ドル後半。だから週一行くだけで月に約2万円の収入みたいな。

ひげおやじ　それでいいじゃん！　それで食っていけば、いいんじゃないの？　ダメなの？

ひろゆき　まあまあ。結局、献血された血は製薬会社に売っているんだよね。で、製薬会社が買い取って血液製剤として売る。だから献血というのはすごく儲かっているんだよね。

ひげおやじ　そうか。僕らはお菓子とかジュースとかでダマされているわけだね。

ひろゆき　うん。ジュース代とかで抑えられているけど、本来だったら金を払っても問題ないくらいの額で製薬会社に売っているはずなんだよね。だから血を買ってもいいんじゃないかとは思うけどね。

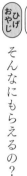

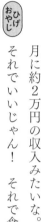

ひげおやじ　そうだよね。結局、そこで金が動いているんだったら、ちゃんと提供した人間に還元したほうがいいんじゃないかという気が。

ひろゆき　うん。だから血を売らなければならない問題がなんとかなるのであれば、僕はいいとは思うんだけどね。

ひろゆき × ひげおやじ

スペシャル対談

vol. 3

無職であることで切り開ける未来

仕事に固執しない生き方

ひげおやじ　仕事に固執しないで生きるには、対価以外に何かがあったほうがいい気はする。無職になれば時間はあるわけだし、いろんなトライアンドエラーをしたらいいと思う。

ひろゆき　例えば「釣りに行こう」と動いて楽しいと思えるか、思えないか。

ひげおやじ　そこから釣りの楽しさを見つけて、釣り関連の仕事に就く可能性もある。それは対価以外のものを見つけたということ。生活保護の人が釣りをしていたらバッシングされると思うかもしれないけど、誰にも言わなければ100%バレないしね。釣り堀で隣にいる人が無職かどうかわかんないのと同じ。

ひろゆき　そう。だから、生活保護になった人でも全然気にせずにいろいろとやってみたらいい。生活保護を切り詰めて趣味に費用をかけることがシャクにさわる人も世間にはいるだろうけど、全然問題ないんで。

ひげおやじ　そのとおり。むしろそういう人たちが、「俺は無職だけどこんなことをしているぜ」と公言するのが「天下一無職会」なので。

ひろゆき　バレても、引っ越せばいいしね。

ひげおやじ　そりゃ「生活保護もらってて楽しいぜ。ひゃっほい」とかネットで喧伝すれば叩かれるだろうけど、そもそも人のことを叩く人は無職だろうとなんだろうと、たぶん叩くだろうし。例えば、俺に比べてこいつはいい家の生まれだから、同じ苦労をせずにオイシイ思いをしているといって叩く人も事実としているしね。突き詰めると叩く要素なんてどっかに必ず発生するので、そこは割り切っちゃっていいのかなって。

ひろゆき　ルールのもとで動いている限り、何か言ってる奴がいてもほっておけばいい。ただ、文句を言う人が減ったほうが、結果的に気楽に無職になれるかな、とは思うけど。

無職になる前に休職を

ひげおやじ　仕事で疲弊している人は「この仕事しかない」と思っていて、ほかの選択肢が見えていないと思う。だから、無職という選択肢や、生活保護を受ければいいことを知ればラクになれるかなって。

ひろゆき　無職になるのを恐怖に感じるかは、知り合いの無職の人数に比例するんじゃないかな？　周りに無職の人が増えるほど、普通に無職でも暮らせるよね、という認識ができるから。

ひげおやじ　確かに無職の友達や知り合いが全くいない状況だと、何か大変なことになるのではないかと余計な妄想を広げちゃうかもしれないよね。

ひろゆき　でも、いきなり生活保護は、やっぱりハードルが高いのかも。

ひげおやじ　じゃ、休業補償とか？

ひろゆき　そうなんだけど、日本では割と簡単に休業補償が取れることを知らない人も多いし。

ひげおやじ　それはあるかもしれない。

ひろゆき　診断書があれば、会社員なら休業しても給料の8割が一定期間は出るし。出なかったら、労働基準監督署に訴えればいいだけ。なので、まず休業補償を取ることをステップにしたほうがいいと思う。

ひげおやじ　まあ、確かに。

ひろゆき　その間に、生活保護基準の額で暮らしてみて「全然いける」となったら退職をして生活保護。無理だったら、働くと。

ひげおやじ　休職はすすめたいよね。今やっていることを放棄してもいいことを理解したうえで働いて疲弊するなら、「じゃあ限界までやってみよう」と踏ん切りがつく人もいると思うし。

ひろゆき　疲弊している人は多いから日本中休職だらけになってしまうけど、僕はそのほうがいいと思っているから。

ひげおやじ　それでも回る社会のほうがいいからね。

ひろゆき　僕はバカンスが必要という考えなので。個人事業主は仕事をさぼったら大変なことになるけど、会社員は組織の一員だから仕事をサボってもかまわない職業。仕事をサボったら業務が止まるみたいな構造自体が間違っていると思う。だからこそ、休業とかバカンス的なものを無理にでも取り入れて、人がいなくなっても回る構造にすべきだよね、企業経営者は。

ひげおやじ　そうね。あと、テレワークとか、もうちょっと自分に合う条件とかを探す時間にもなったりするんじゃないかな。

ひろゆき　だから、まずは休職する前提として、診断書が出るかどうか。診断書が出る状態なら休んだほうがいい。働きながら鬱病が治ることはまずないので。そこでリセットして治って普通に働けるなら元通りに働けばいい。もしくは冷静な状態で「この会社は向いてないし、また鬱病になりそう」となるのなら転職すればいい。

ひげおやじ　それで、もしダメだったら、生活保護にいきゃいいよ、と。ひたすら生活保護でラクして生活することはおすすめできる？

ひろゆき　それもあり。ただ、生活保護をやり続けるには才能が必要なので、そこのテストというのも休職期間で試す。要は可処分所得8万円で1カ月間楽しく暮らせるか。それで何の問題もなく楽しいなら生活保護もいける。

ひげおやじ ひろさんは？　全然問題ない？

ひろゆき 問題ない。家賃を除いてたぶん今は生活費8万円かからないから。

ひげおやじ ずっと自炊ですからね。あとビックリするぐらいに、財布からお金が出てきたのを見たことがないからね。25年前から知っているけど、一度しか見たことがない。

ひろゆき お金は他人が出すものなので（笑）。

無職は情報を手に入れるチャンスである

ひろゆき でも、人手不足は今後も増えるから休みはどんどん取りやすくなると思うけどね。休みを取るような人間を追い出そうとするのは、たぶん昭和の考え方。今どきの20代とかは休みを取れない会社は辞めたりするし。

ひげおやじ 辞めるよね。だって、ほかに受け皿がいろいろあるから。だから、会社側も辞められるぐらいなら休んでもらったほうがいいって考えになる。

ひろゆき 20代の人たちが休みを取り始めたのは、たぶんここ数年の話。あと5年ぐらいすると当たり前に20代が休むことが定着するので、30代、40代にも休むなと言えない感じになって、休む文化が広がっていくと思う。

ひげおやじ 昭和の考えで仕事を押しつけたら辞めちゃうからね。あとやっぱり壊れちゃうから。「それが嫌だったら辞めていい」という考えもあるけど、それはパワハラ。辞めさせないための呪いでしかない。

ひろゆき でも、それを言えるのは、その人がいなくても仕事が回る組織の構造があるところだけ。例えば、最低2人が必要なファストフード店でひとりが辞めたら営業できないからね。そういう人手で回す会社はまだまだいっぱいあるし。

ひげおやじ 仮に仕事を辞めてもお金さえあれば、1年休んでも全然いいと思う。できれば海外に行ったほうがいい。

ひろゆき でも、ある程度社会人になってお金を持っていないと海外旅行は選択肢に入らない。今は円がどんどん安くなっていて、海外は物価が高いし。だから、これは無職でも失業保険が下りる人向けかな。でも海外に行けるなら行ったほうがいい。海外の状況を見て、これを海外で売れば儲かるとか、海外ではやっているビジネスを見て日本に持ってきたら儲かるよね、みたいな情報が多いほうがより儲かるわけで。それであれば、転職期間とかで休業補償が出るなら、僕はそれをちゃんと積極的に使ったほうがいいと思う。

ひげおやじ　例えば、世界一周できる安い航空チケットがあったりするんだけど、最近の人は全然知らないよね。僕はこれを使って世界一周したけど、おかげで知見が広まったし。

ひろゆき　結局、情報の格差と暇であることが重要。日本のことしか知らない人と、海外を見てきた人では情報の格差が圧倒的に広がる。海外で野菜や果物がめちゃくちゃ高く売れるとか、ヨーロッパの人が全然働かないとかも現地に行かないとわからないし。

ひげおやじ　旅行程度じゃわからないって人もいるだろうけど、観光地を忙しく回るだけでなく、現地の人の生活を見ればわかると思うな。

ひろゆき　「1カ月ここにいよう」と決めて安宿でダラダラとスーパーに行って自炊をしながら生活をしたら日本との価格差がわかるよね。そして海外の日本食店で低レベルの食事が一食3000円ぐらいなのに客が入っているのを見て……。

ひげおやじ 海外で店を出そうとか、日本から食品を輸出しようという発想になったりするよね。

ひろゆき 日本と海外との情報差で儲けている人って大勢いるけど、その人たちって単に情報差に気づいて行動しただけだから。

ひげおやじ 海外に行くと情報の質が圧倒的に違うからね。日本に住んでインターネットで調べるのと、現地で肌で感じる情報の差は圧倒的。

ひろゆき いくらネットで情報を知っていても、例えばどうやって工場を作っているかはわからない。でも海外旅行で割とヨーロッパに行ったことがある人だと、工場を作るためには、どこへ行けばいいかとかわかるし、ワーキングホリデーで働いてみて知り合いができ、その知り合い経由で話をして紹介される可能性もある。海外で仕事をするにしても、日本食店に行って「なんか働きたいです」と言ったら、日本人ならいつでも仕事がもらえる可能性が高いとかは現地に行かないとわからないからね。

ひげおやじ そこまでの話になると、めっちゃ高尚だとは思うけどね(笑)。それこそ人を選ぶというか。僕レベルでいえば、海外の人とコミュニケーションを取ることに抵抗が減ったのは大きかったし、海外も壁を感じなくなったら行きやすくなった。例えば、海外取材に行ってと言われても、躊躇なく「いいっすよ」と言えたり。僕はたぶん日本で初めてX（旧Twitter）の公式配信をしたんだけど、英語がぜんぜん話せないのになんとかなったからね。相手もうまくやってほしいから協力してくれるし、わかりやすい英語で話してくれる。そういうのが世界一周のときに実体験としてあったので、最後は指さし確認とかを駆使しながらできると思っていたし。それで無事に配信ができたのだと思う。

ひろゆき そういうなんとかなると思えることには意味がある。そういう意味で、20代から生活保護みたいな人ではなく、27歳ぐらいまで働いて転職するなら、半年くらい失業手当をもらって、その間に3カ月ぐらい海外旅行してもいいかなって。

ひげおやじ おすすめの方法の一つという感じだね。生活保護を受給するというのではなく、無職という期間をどう利用するかという意味で。

ひろゆき 失業手当でお金はもらえるし、ダラダラし続けて戻れないかもと思うくらいなら、その間の3カ月は世界を見にいこう。絶対に行ったほうがいい。

ひげおやじ　あと、どの国にもダメな部分が絶対あるから、そこも見たらいい。例えば日本にいて、外資系に憧れてそこで働いたとしても、汚い部分が見えた瞬間にヘコむと思うから、そういうのは先に海外で体験して、やっぱ汚い部分があっても好きであれば、続くと思うんで。

ひろゆき　フランスに憧れて、パリに住んだ途端にあまりの街の汚さにショックを受ける的なね。

ひげおやじ　実際に汚いしね。地下鉄も街なかもヤバい感じだし。

行動力のある無職は最強説

ひげおやじ　無職の人たちは時間があって暇だから、新しいものを調べて、いち早く新しい何かに辿り着けると。

ひろゆき　仮想通貨で儲けた人って、最初の時期は、みんな暇人だからね（笑）。まず、普通に働いている人は、仮想通貨なんて知らなかった。でも、暇人は情報に辿り着いてノリで仮想通貨を1000円分ぐらい買ったら、それが億単位のお金になったという。

ひげおやじ いち早くその情報を知って、それに飛び乗る。その情報をキャッチできるかは時間というか暇が必要。もちろん、他の要素もあるだろうけど、そもそも調べる時間がなかったらキャッチアップできない。仕事が忙しい人ほど時間を大切にするというか、時間をつくることを考えるのは、そういうことだよね。お金稼ぎへの道は、実は無職になることという。回り道のつもりが実は近道なのかもしれない、裏道みたいな。

ひろゆき 今や情報はネットを見る時間の長い人が有利だから。

ひげおやじ 一発当てるんだったら、特にそうかもしれないね。

ひろゆき だって働いていて手に入る情報は、その会社の人ならみんな知っているから、しょせん儲かるのは利益率が多少上がって何パーセント、みたいな世界の話だし。でも、ニートは暇だからいろんなことを調べる。

ひげおやじ そして、暇だからあの手この手ができる。

ひろゆき 行動力のあるニートには一発逆転の可能性があると。

ひげおやじ　しかも、新しいことを見つけて、その作業をするのも自分で動くから労働力はタダで初期投資が安くて済む。最近知り合いが、やる気があって行動力のある頭のいいニートにお金を渡して新しいことをやらせていて、「それがたぶん、いちばん儲かる」と言ってたんだよね。それって国がやっている生活保護の機能と同じという。

ひろゆき　本当だ（笑）。生活保護の場合は、やる気のある人もいれば、ない人もいる。頭がいいとは限らないけど。

ひげおやじ　まあね。そこは国として差をつけることができないからしょうがないけどさ。

情報を知ることで地方でも稼げる

ひろゆき　福島県でトルコギキョウを作っている女性がいるんだけど、いま福島で農地を借りるとタダ同然というか、めちゃくちゃ安い。

ひげおやじ　原発事故があったからだよね。

ひろゆき　でも、農作物と違って花は食べないから関係ないんだよね。

ひげおやじ　なるほど。◯◯県産って書く必要もないわけだ。

ひろゆき　そう。園芸を始めてまだ3年みたいな人なんだけど、それで年収1000万円超えなんだよね。

ひげおやじ　え？　3年？　すげぇ……。

ひろゆき　なんか、もともとやっていなかったけど、知り合いから「売れるらしい」と聞いて試してみたら超売れたという……。

ひげおやじ　へえ。やっぱり探せばあるんだよね。でも、そういうのもネットでウロウロしているだけでなくて、現地で見聞きしないとわからないことだろうね。

ひろゆき　うん。四国かなんかでも、落ち葉を拾う仕事があって。料亭とかで皿にのせるきれいな葉っぱを探して送るだけ。地方に行くと、そんなものそこら中に落ちているわけで。

ひげおやじ　全然あると思うな、そういうの。和食で使われる飾り用の笹の葉なんて買うと1枚数十円するのに、とある地方なら取り放題とかあるし。それを詰めて、いろんな所に送るだけで、お金がチャリンチャリン入ってくる。

ひろゆき もし飽きたら、誰か地元の暇な人とか子どもとかを探して手伝ってもらって、発送業務だけやれば何もしなくてもお金が儲かるみたいな。

ひげおやじ そういう話はインターネットにはあんま載らないんだよね。

ひろゆき 産業としてデカくならない話ってのもあるし、そういう儲かっている話って自分からネット上に書かないしね。

ひげおやじ ライバルが増えたら厄介だしね。

ひろゆき そういうのって、現地に行って初めてわかるもの。例えば、地方の居酒屋とかに行ってやけに羽振りのいい人がいたら「何しているんですか？」みたいなことを観光客として聞くと、結構自慢げに話してくれたりする。

ひげおやじ でも、そういう情報は出回らないという。

ひろゆき ほかにも、高い料金を払って与那国島でダイビングをして「あれ、これ自分でもできんじゃね？」と事業を立ち上げた神戸大学の大学生がいるんだけど、彼が27歳の時点では、この手のツアー系では日本で一番でかい会社になっていたりする。離島でマリンアクティビティをやりつつ、それをネットで営業するのって、ほぼ誰もやってないんだよね。沖縄でダイビングツアーというと、ダイビング好きな年配者がいるだけだから。ネットでSEOを使って「与那国ダイビング」だと必ず最初に出てくるようにすれば儲かるんだけど誰もやっていない。

ひげおやじ そういう情報って、行ってみて初めてわかる。そのためには、時間が必要。だからこそ、無職なり休職なりでリフレッシュしつつ、新しいことを生み出す時間を作ったほうが結果として日本のためになったりするんだと思う。

無職になることで未来が切り開ける可能性

ひろゆき こんな感じで、どんなカタチであれ休職だったり無職を上手に利用したり、利用されたりしたほうが長期的にはいい結果につながると思うんだよね。感情論は抜きにして。

ひげおやじ さっきも話したように、不正受給のような違法なものはダメだけど、モラル的にどうなの？みたいな話は、もう突っぱねればいいでしょ。

ひろゆき　さっさともらっちゃえというね。好きでもない低年収の仕事だったら、とっとと辞めてしまえ！と。

ひげおやじ　言い方（笑）。そこが難しいところだけど、好きでもない仕事というのは確かにそう。好きなことをしてほしい。でも、怒る人もいるだろうな。それが、できない人が多いから。生活保護を受給したほうがいいような給料で働いている人もいるだろうけど、「生活保護＝自己否定」と感じちゃうんだろうな。

ひろゆき　それは、自分は仕事をすることで社会の役に立っている、と思い込みたいだけかと思う。もらう側になったら「得。与えているやつざまあ。」くらい思わないと苦しくなるし。

ひげおやじ　「働いたら負け」と言っている子どもの画像がネットに出回っているけど、それを見て怒る人もたくさんいるから（笑）。

ひろゆき　まあ、でも彼は正しかったという論説は出ているというね（笑）。

ひげおやじ　もう一回、自分に問いかけてほしいよね。「働きたいですか？　はい／いいえで答えてください」と。みんな「働きたくはない」になると思う。でも、「お金は欲しいですか？」と聞いたら「はい」と答えると思う。じゃあ、タダでもらえる生活保護になったら？と。

ひろゆき　成果報酬の営業系とかは別にして、仕事によって10年後、20年後にもらえる自分の給料って大体わかる。少なくとも、圧倒的に上回ることはほぼない。例えば牛丼チェーンで働いている25歳が将来的に年収いくらになるかもわかると思う。さすがに今の35歳の人たちよりも少しは上がると思うけど、仮に35歳の年収が450万円だとして600万円になることはほぼない。

ひげおやじ　そうだね。あっても500万円。そもそも、その牛丼チェーンが存在するかもわからないし、AIが跋扈する時代だし自動化もされるだろうから仕事があるかもわからない。

ひろゆき　そう。そして、45歳から55歳になったときに800万円になることも絶対にないと思う。すると、その会社で働き続けたときに自分はこの額でいいのか？　いいなら、その仕事をずっとし続ければいい。でも、40歳、50歳の姿が見えているわけだから、それで満足できないなら、一度失業保険なり生活保護を得るなりで何らかのスキルアップをして、自分が納得できる業務に就くことをやったほうがいいと思う。

ひげおやじ　もちろん転職したからといって必ず給料が上がるとは限らないけど、転職しなかったら、絶対に上がらないし、好きなこともできない。

ひろゆき　もし転職して下がる可能性があるなら、同じ業種の会社に入ればいいだけ。少なくとも先が見えてそれに納得ができないなら考え直したほうがいい。もちろん、その仕事が大好きで年収が低くても暮らせるなら、ご自由にどうぞ。

ひげおやじ　でも、仕事が嫌だからほかに移りたいけど、移ったら給料が下がると考えると、スキルアップに二の足を踏む人がいるかも。

ひろゆき　それはスキルを身につけていないから。何のスキルもない状態で転職したら下がるだけ。なので失業手当を受けるなり、生活保護を受けるなりで、何らかのスキルを磨く期間を設ければ、割といい職業に就ける可能性も上がる。何もしないような人は、自分の器を知って落ちていけばいい。

ひげおやじ　でも、そのほうが自分自身に納得ができていいかもしれないとは思うな。「この仕事じゃなかったら、俺はうまくいっていたかもしれない」みたいな夢も希望も、自分でつぶしていくわけだからね。時間をつくりスキルを身につけて転職してダメなら、むしろ納得してストレスも減ると思う。周りと比較して自分はなぜ稼げないのだろうと鬱屈するよりも、何かやってみてダメだったほうがストレスも少ないし。

ひげおやじ それで落ち込む人もいるだろうけど、そういう人は価値観をお金だけにしないほうがいいよね。めちゃくちゃ稼げるけど、ハードすぎて自分にはできないと感じる仕事もあると思う。それこそ、その人の生活を真似したいかどうかって話。選択肢として年収300万円でも週3日勤務の条件だったら、それを選ぶ人もいると思う。

ひろゆき ワーク・ライフ・バランスとかを考える人はそうなるよね。結婚していたとしても、3人家族で生活するくらいなら何の問題もないと思う。

ひげおやじ さらに言うと、残りの4日間で何をするのかという話にもなるし。

ひろゆき 子どもがいるなら、親がちゃんとそばにいるかどうかが教育としても重要だし。

ひげおやじ ある年代以上の人たちは恐らく、やっぱり無職はよくないよねと思っているだろうし、たぶん同世代でも同じように考えている人は多いと思うし、若い世代にもいると思う。確かに価値観としての資本主義がめちゃくちゃ強い社会であればあるほど、「生産性のない無職の人たちはごみクズだ」みたいな考えだったり気持ちになるのはわかる。でも、無職になることで、本人の未来だけでなく、うまくいけば社会全体の未来が切り開ける可能性があるってことも、頭に入れておいてほしいよね。

第五回

天下一無職会

CASE 21

ノブトさん

年齢 24

無職歴 2年

性別 男

3年前、大企業で働きながらエンジニアを目指して学習を開始。上司や周りからは、エンジニアを目指し起業する優秀な奴と思われており、次の職場が決まる前に退職。自分は優秀だから簡単に内定がもらえると思っていたが、高卒フィルターや未経験ということで応募しても返信すらない状態が続く。さらにコロナ禍やひろゆきブームで未経験エンジニアが急増。結局、ブラックSESしか内定がもらえず、就活をやめる。前の上司から「調子はどう?」とLINEがくるものの就活をやめたとは言えず、返信が面倒くさくなり全員ブロックして削除。周りに乗せられても、自分は優秀だと思わないほうがいいなぁと実感した。

ひろゆき

僕がなぜこれを取り上げたかというと反省点が間違っているから。自分が優秀だと思うことではなく、プライドの高いことが反省点なんですよ。今やるべきことは就活できなかったのだから元の上司に「失敗しました。元の会社に戻してください」とお願いするべき。

ひげおやじ　確かにそうだね。

ひろゆき　一応、元の会社では評価が高かったわけだから、別に無職じゃなくて元の会社に戻ればいいだけ。問題は自意識過剰でプライドが高いこと。でも、そのプライドが高いことが問題だということが理解できずに、自分が優秀だと思ってしまったことがよくないという考えになってしまっている。

ひげおやじ　そうね。確かに就活に成功さえすればそれで良かったのかもしれないけど、うまくいってないからね。

ひろゆき　高卒でそこまで資格がないと「いらねえよ」となるのは普通のこと。コロナのせいにしているけど、コロナ禍でエンジニアはめちゃくちゃ採用が増えていますから。結局SEが必要だとか、社内システムをIT化しなきゃいけないだとか。DXしてリモートで働けるようにしなきゃいけないみたいな需要がある。なので、優秀なエンジニアってコロナ禍では割と採用が多いんですよ。

ひげおやじ　そうなんだ。

ひろゆき　はい。問題はプライドが高いこと。それがよくないことなので、さっさとプライドを捨ててしまったほうがいいんじゃないかなと思いました。

CASE 22

ゆみたろさん

年齢
34

無職歴
6カ月

性別
女

派遣として勤務していたが残業100時間超え。残業代でそこそこいい収入を得るも精神面が疲れてしまい退職。職業訓練校でお金をもらいながら勉強に励むという、だらだら無職ライフに突入。失業保険を貯蓄に回すものの、ある程度の自由に使えるお金が欲しいと考えた結果「ポイ活」に手を染めた。

ポイントの稼ぎ方はさまざま。定期支払いによるクレジットカードか、他店舗での買い物で得たポイントはもちろん、ほかにも

・歩いた歩数分でポイントを稼ぐ
・アンケートの回答完了でポイントを稼ぐ
・動画閲覧でポイントを稼ぐ
・覆面店舗調査でレポートを書き、店舗で支払った金額分の半額がポイントバック
・モバイル電子マネーで電車を乗り降りしてマイル、ポイントをゲット

などを行い、スタバのドリンクチケット10杯分Amazonギフト2万円くらいは貯めることができた。

テレビで知ったが、ポイ活で家を買ったという人もいた。ほんとかどうかはわからないし発言者が主婦か共働きかもわからない。ポイ活に走るのは貯蓄よりもラクなのか、あるいは副業として、楽しく貯められるのだろうなと思いながら、自分も含めてポイ活おばさん化していくことだろう。ちなみに、高ポイントゲットには手を染めていない。高ポイントは、有料案件購入後または契約後に付与されるので身の丈に合ったポイ活ライフを楽しんでいる。

ひろゆき　このタイプの人はちょこちょこ見ますよね。

ひげおやじ　楽しめる分にはいいんじゃない？

ひろゆき　最近はモニターとかプレゼントとかも結構あるから、探せば全然こういうのでそこそこラクに暮らせるんじゃないかなと思う。

ひげおやじ　最近ひろさんはポイ活している？

ひろゆき　ポイ活はフランスにはないんだよね。

ひげおやじ　え？　ないんだ！

ひろゆき　うん。例えばクレジットカード。日本の場合は無料のクレジットカードがあるじゃん。でも、フランスではたぶん無料ではなくて大体セキュリティとかの名目で使用料を取られる。

ひげおやじ　まじで？

ひろゆき　うん。その代わり店舗側のクレジットカード使用手数料が低いっぽい。日本の場合は、例えば、僕がレストランをやっていて1万円分の決済があると2％くらいはクレジットカード会社に取られる。ネット決済だとヘタしたら7％とか取られるじゃん。

ひげおやじ　うん。

ひろゆき　なので、日本のクレジットカード会社はお店のほうから利益を得ているんだけど、フランスのクレジットカード会社は手数料率がもっと低いらしく。いろんなところでクレジットカード決済はできるんだけど、その代わりユーザー側のほうがお金を払うようになっていて。ポイントもたまにあったりするけど渋いんだよね。

ひげおやじ　店舗側の使用手数料が安いから、結果的に全ユーザーが得することになる、ということだよね。

ひろゆき　まあそうだね。だからフランスでは、無料のクレジットカードを作って、それをうまく使ってポイントを稼ぐことはなかなかできない。毎月800円とか1000円とか取られたりするの。

ひげおやじ　そういう意味では、日本はポイントの囲い込みみたいなことが多い気はするね。

ひろゆき　だから日本のほうがポイントで暮らしやすいんじゃないかと思うよ。

CASE
23

ひげおやじの声を絶対からしたいおじさん

年齢
32

無職歴
?

性別
男

北欧在住歴5年。工業大卒、ADHD、英語・フィンランド語力B1程度、感電経験あり、頭の中に怪獣がいて操作する感覚持ち。

大学卒業後、無能で怠惰な自分が日本社会に適合する未来が見えずリゾートバイトで英語力を鍛えたり、厨房業務をかじってみたり海外への逃避を目指す。その後、大学時代から付き合っていたフィンランド人と結婚し北欧に移住。月550ユーロの失業手当をもらって語学学校に通い、就職や大学院進学で学歴ロンダリングを目指す生活。自分自身なんとなく就職してうまくやっていくというビジョンも見えないし、アイデアは出てくるのでいろいろ手を出すがいつも途中で自分の計画・能力に自信がなくなり挫折を繰り返す。なのでブログは3000PV止まり、YouTubeは登録者350人、プログラミングはアプリを作ってる途中で投げ出すという惨状。

そんな生活が続くなか、語学力が初中級で行き詰まる、スキル職歴なしで将来への不安、日照不足から鬱気味に。さらにコロナの感染拡大でいよいよ就職もヤバいなと思ってたところ妻から「他の人との相性を試してみたいから離婚する。もう決めたから話し合いはなしで」という宣告。1年半かけて現実を受け入れる。メンタルかなりきついので目標を下げて、大学・短大よりレベルの低い専門学校に願書を出しまくる。来年1月からはそのうち唯一受かったコースに通う予定。画像編集、映像編集、多少のビジュアルデザインをやるらしい謎のコース。学生の間は毎月150ユーロほど足りない程度の生活手当が支給されるので貯金を取り崩しつつ生活はできそう。その後どういう方向に進めるのかは自分でも不明。本当はとにかくいつでも寝られて自由な暮らしをしたいクズ人間だけど不幸なことに面食いなので、再婚の難易度を少しでも下げるために就活を頑張ろうと思う。

ひげおやじ　うわあ、怖っ。

ひろゆき　外国は生活保護じゃなくても金が出るんだよね。

ひげおやじ　はあ〜。

ひろゆき　フランスの大学の学費は本来無料で、教科書代とかで年間5万円くらいかかる。知り合いがそれで通っているんだけど、毎月2万円くらいもらえるんだよ。

ひげおやじ　はいはい。

ひろゆき それは家賃補助みたいな制度で。一応、その人はフランスでは学生という体裁なんだけど会社を経営していて、日本でめちゃくちゃ儲かっているんだよ。なので、おまえはなんでフランスの税金をもらってるの？という（笑）。割とお金をくれるんだよね。

ひげおやじ 知らなかった。

ひろゆき たぶん、フィンランドの大学とかも無料だと思うから、日本でスキルを得たいという人は、そういった外国に行ってお金をもらうほうがいいんじゃないかなという気がするけど。

ひげおやじ フランスって本当にそんなに簡単に誰でももらえるの？

ひろゆき うん。さっきも言った家賃補助制度みたいなものがあって、収入がありませんという証明さえできれば誰でも普通にもらえる。

ひげおやじ へえ。

ひろゆき 僕はフランスで一応納税しているけど、仮に日本で納税してフランスでは収入がないですといえば、たぶんもらえちゃうんだよね。

ひげおやじ ズルい。

ひろゆき　でも、そういう仕組みなんだよ。

ひげおやじ　逆にひろさんの力を使ったら僕にも何か入ってきたりしません？　僕がそっちにいることにして。

ひろゆき　フィンランドとかフランスとかに滞在するビザがあって、こちらに住所がないともらえない。

ひげおやじ　ああそっか。

ひろゆき　要は、家賃補助という名目だから、ひげさん名義で借りている賃貸の住宅があって、この家賃がいくらだから補助してください、みたいな申請が必要です。

ひげおやじ　無理か……。まあそんなうまくいかないか。

ひろゆき　これを利用して借りた部屋を「Ａｉｒｂｎｂ」で貸してもっと儲けるということをフランスの若者たちが割とやっていたんだよね。

ひげおやじ　ええ、怖っ。でもいいテクニックだな。日本でも似たようなことはないのかね？

ひろゆき　うーん……、家賃補助をもらえるとかは聞いたことがないかな。

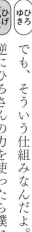

CASE
24

無職シングルマザーさん

年齢
不明

無職歴
？

性別
女

園児と毎日遊んで暮らしている無職のシングルマザー。振り返ると2020年から、私の無職への道が始まっていた。

●念願のマイホームを2020年1月に2000万円で購入し、入居して浮かれきっていると、まさかの未知のウイルス・コロナ襲来。その波に呑まれコロナ失業。そのまま再就職もせず、無職歴1年半。もう、それはそれは怒濤の2年だった。マイホーム購入で貯金をほぼ使い果たし、退職時には口座残高は約10万円。家族や友達も「家を買ったばかりで大丈夫なの？」と人生終わった認定されそうな雰囲気。

●コロナは想定外だったが、実は退職はほぼ計画的だった。社内で私にしかできない仕事が多くありずっと退職できずにいた。家を探し始めていたころから覚悟を決めて反感を買いながらもほかの社員に私の仕事を経験させたり。外注先が社長のワガママで突然変更になる際も私にとってはありがたく、私の仕事を大幅に振れるような契約にした。これで心おきなく退職できる。さらには心療内科へ通い、診断書をもらえる手筈は完璧。

●私が退職準備を進めるなか。コロナによる影響が出始めたある日、ブラック企業側が自主的に動いてくれた。会社：強制的な減給。私：労働局へ相談し退職、という完璧な傷病手当金をもらう道へいざなってくれた。退職金などない弱小企業だが、傷病手当金をもらえればありがたい気持ちでいっぱい。さらにはコロナ失業という事で緊急小口資金・総合支援資金で200万円。さらにひとり親給付金や定額給付金。国民健康保険料や年金の全額免除などなど、削れる所はとことん削った。総合支援資金など200万円の返済免除を勝ち取るまで、約2年住民税非課税世帯を続けようと思うので、今後もひっそりと新築マイホームで無職LIFEを楽しみたい。

そんな私の口座には、なぜか数百万円が。とりあえず、S&P500に100万円ぶち込んだ。今年は失業手当をもらい切る300日後までには就職するか、職業訓練をするのか検討したいと思う。働かなくても住宅ローンをギリギリ払えていける日本ってステキな国。

ひげおやじ　すごーい！

ひろゆき　この人はうまくやっているよね。

ひげおやじ　もちろん、ひどい目に遭ったときはそれをひどいままにせず、もらえるものはきちんともらうことができているからこそだけど。

ひろゆき　会社都合の失業だから、次の月から失業保険がもらえる。長く働いているから、たぶん2年くらい失業保険をもらえると思う。

ひげおやじ　うんうん。

ひろゆき　一応失業中だけど起業します、みたいなことで支援金とかも、もらっていたりするから。確か、ローンの申請を出すと利子を払わなくていいんだよね。

ひげおやじ　え？　マジで？

ひろゆき　国が肩代わりしてくれますみたいな制度があって、この人はちゃんと自分にとっておいしいポジションをいろいろ考えている。ほら収入が低いから住民税を払っていないし、いろんな補助金が出たりするから。2000万円のマンションで子どもを育てて普通に毎日楽しいという人なわけだから。

ひげおやじ　スゴい。普段からちゃんとしている人だったんだろうね。

ひろゆき　たぶん計算高くきちんと計画を立てて仕事もできる人。だから無職になってもそれなりにお金が稼げるという。いろんな補助金をちゃんと調べて申請条件をクリアするために必要な準備をきちんとできると、やっぱり無職になっても食いっぱぐれないよね。

ひげおやじ　自治体とかには補償が結構あるし、連絡すると教えてもらえる。だから収入が少ない方は、調べてみるのは本当におすすめですよ。

ひろゆき　うん。役所とかは、住民税非課税世帯に支援金を一応出すんだけど、この人は2000万円の不動産を持っているんだよね。

ひげおやじ　そうだよね（笑）。

ひろゆき　明らかに金持ちじゃん、という話なんだけど、そこまで見られないからうまいよね。

ひげおやじ　なるほどな。やっぱり不動産を買うかな。

第五回「天下一無職会」を終えて

ひろゆき　というわけで、「天下一無職会」が終わりました。無職会は何回やっているんだっけ？

ひげおやじ　第五回です。

ひろゆき　もう五回もやっているの？

ひげおやじ　そうなんです。

ひろゆき　わりとひどい無職の応募が減りましたね。

ひげおやじ　やっぱり減ってきたかなと思います。

【コメント】

生活保護の〝資産〟

ポケモンカードなどトレーディングカードの転売が国内外を問わず過熱しているが、これについてどう思うか。また転売を生業とするのはアリだと思うか。

ひろゆき　これは生活保護の人におすすめなんだよね。

ひげおやじ　生活保護の人にはおすすめだわな。

ひろゆき　なぜなら資産として差し押さえられないから。たぶん貯金があると生活保護はもらえない。なので、貯金100万円くらいだったら、法律上は資産として認識されないものに全部変えちゃったほうがいいんだよね。例えば、トレーディングカード系だとポケモンカードとか遊戯王カード、マジック：ザ・ギャザリングとか。

ひげおやじ　トレーディングカードってまだ資産には扱われていないんだ。でも、時計とかはもうダメでしょう？

ひろゆき　うん。価値があると思われている貴金属とかはダメだね。

ひげおやじ　はいはい。

ひろゆき　トレーディングカードとか中古のゲームとか本当は価値があるんだけど、まだ価値があると法律上は見なされていない。なので、そこら辺に手を出すといいんじゃないかなと。

ひげおやじ　はい。ただ僕は、転売はあんまりいいとは思わないな、というくらいの答えですかね。

ひろゆき　そう？　転売する人がいるから欲しいものを欲しい人が買えるんじゃない？

ひげおやじ　まあね。でも、逆に言うと転売が過熱しすぎて本来定価で買えるものが買えなくなっているんじゃない？

ひろゆき　特定商品や限定商品を買うという話ではそう。でも、トレーディングカードは別にパッケージを買って当たるかどうかだから。

ひげおやじ　うん。

ひろゆき　普通に新品を買い続ければいつかは当たるから、別に転売されたものを買わなくてもいいのよ。ただ限定品になると、もうそれは手に入らないから転売になる。だからポケモンのようなトレーディングカードの転売は別に気にしなくていいんじゃないかなと。

ひげおやじ　いやぁ、結局はポケモンカードも限定販売とかで並んだりするし。

ひろゆき　買えばいつかは出てくるんじゃないの？

ひげおやじ　「この日に限定販売」みたいなやつもあるのよ。

ひろゆき　そうなんだ。じゃあそれはダメだね。

ひげおやじ　はい、ということでございます。

【コメント】

ひろゆきさん、死んだ魚の目をしているおデブさん、ありがとう。おふたりにとって仕事って何だと思うか？　また、おふたりにとっての生きがいは何か。

ひげおやじ　僕は生きがいが仕事だからな。ひろさんはどうなの？

ひろゆき　毎日楽しく暮らしているので、「楽しく暮らす」が生きがいなのかなと。

ひげおやじ　そうね（笑）。

第六回

天下一無職会

CASE 25

Tactico Cazzaminoさん

年齢
20代後半

無職歴
1年6カ月

性別
男

何年も前からひろゆきさんが、録画放送などで「働きたくなかったら生活保護もらって暮らせばいいじゃん」と言い続けていることは知っているし、そのほうが良いと頭ではわかっていたが、なかなか役所に足を運ぶ勇気が持てなかった。働きたくない気持ちに嘘偽りはないのに、まだ心のどこかで他人からの評価を気にしている自分がいたから。

基本的に気が短く、他人に頭を下げるのが嫌。なので職を転々としてはサボっているのがバレてクビになる日々……。失業保険も使い果たしたうえ、貯金も雀の涙ほどしかない。

そして今から1年ほど前、経歴詐称がバレてバイトをクビになったことをきっかけにとうとう僕は生活保護を受けることを決心。すると、嫌な人間関係やさまざまな義務、腹痛から解放されて心身ともに軽くなった。

それまでどこか生活保護受給者を自分とは違う生き物だと差別して、そうなることを避けて来ていた自分がバカらしく思えるほど軽くなった。

生活保護を受けた結果、人生で何かを失うようなデメリットなど全くなく、むしろ自分が本当にやりたいことだけに集中することができるようになり、生活はとても充実。今の僕は、昼間からビールも飲めるし、大好きなエロ漫画も一日中読めるようになった。最近は、好みのインディーズゲームの制作者にエロいファンアートを描いて送ることにハマっている。僕が今の生活を手にする事ができたのは、ひろゆきさんと第二回にエントリーしておられた〝上で待っている方〟のおかげ。

当時は、僕の便りも読まれていたが、今思うとあのころの僕はまだまだ下のほうの無職。生活保護を受給してイラストを描き続けている今の自分こそ、100%純粋な有閑階級ピュア無職なのだとようやく悟った。もし読み上げていただけるならば、この場をお借りして御二方に感謝の言葉をお伝えしたい。ありがとう。僕も上で待っている。

ひろゆき この「御二方」は上で待っている彼と僕ということでいいんだよね。

ひげおやじ 僕はいないんですね。

ひろゆき あはは（笑）。やっぱりそこが人間関係が苦手な感じなんだなと。

ひげおやじ 僕がどう思うかということを一切わかっていないよね、この人は（笑）。

ひろゆき　今、僕がしゃべっていたのと上で待っている人のおかげだから、確かにひげさんは関係ないよねと。

ひげおやじ　上で待っていると朗読した僕の力をもうちょっと評価していただけると。

ひろゆき　そこら辺の気が回らないぶりが、たぶん日本の社会には合っていなかったと思うんだ、この投稿をしている彼は。でも、ゲーム制作者がエロ絵を喜んでいるかどうかだよね。やめてほしいと思っても無職は無限に暇。そういう無限に暇な人を敵に回すのは大変だよね。

ひげおやじ　そうね。

ひろゆき　ブロックしてもアカウントを変えたり、いろんなアカウントを作るし。

ひげおやじ　いやあ、面白い。「2ちゃんねる」の時代から変わらないよね。

ひろゆき　20代前半から働くことに向いてないので無職歴1年やった結果、20代後半の今ではもう完全勝ち組に。

ひげおやじ　なりましたね。上で待っていらっしゃる。

ひろゆき　ツッコミどころとか、こうしたら?とかも、ないよね。楽しそうで何よりです。今後とも楽しんでくださいみたいな。ただ、インディーズソフトの制作者だけが迷惑を被っているみたいな状況は……。

ひげおやじ　ただ描けば描くほど、画力は上がると思うんだよね。

ひろゆき　確かにね。

ひげおやじ　もしかするとワンチャン本当に……。

ひろゆき　同人誌とかに出して稼げちゃうかもしれない。

ひげおやじ　インディーズゲーム制作者さんには申しわけないいんですけど、これからも量産していただければ、ほかの人たちが喜ぶかも。

ひろゆき　普通に幸せそうなので今後とも楽しい無職生活をお過ごしください。

ひげおやじ　僕らは今回ちょっと辛口ですね。

ひろゆき　「応援したい」「かわいそう」「手助けが必要そう」というのを全く感じないパーフェクトみたいな奴ばかり来ているから。

ひげおやじ　いやいや。でも、楽しいですよ。

ひろゆき　「全然幸せです」と言われたそうだよね。確かに「天下一無職会」的には、別に困っている人を募集しているわけではないから。天下一のレベルに行くと別に僕らが何か支援をする必要もない強者同士の争いなわけで。

ひげおやじ　全くそうですね。そういう意味では、正しい「天下一無職会」ですね。そもそも悲惨さ一辺倒で投稿された方はトバすから。

ひろゆき　救いようがなくて好き。救う必要がない気がするんだよね。コメントで「幸せアピールは不幸な人」ってあるけど。

ひげおやじ　なるほどね。承認欲求だ。

ひろゆき　むしろ不幸であるけど、それを隠してこんなに幸せだよと言っているんだと思うんだよね。そうすることで一般庶民を何とか下げたいと思っているというか。

ひげおやじ　それでバランスが取れるんだったらいいよ。

ひろゆき　でも、お金が無限に湧いてくるときの不安感のなさってお金持ちか生活保護なんだよね。

ひげおやじ　確かに。

ひろゆき　僕は、将来お金がなくなるかもしれない、みたいな不安感とか、こういう資金繰りをしなきゃということが20代のうちからなくなった。でも基本普通に生活して働いている方々ってそれを常時思っているわけじゃないですか。車を買ったローンが残っていたり、コロナで体調が悪いときとかに仕事を辞められないとか。なぜなら生活費とか家賃を払わなきゃいけないから。それを気にしなくていいという強さを考えると今は金持ちになるのが難しい。

ひろゆき 今から金持ちになるとするとひろさん、どんな手があるんですか？

ひげおやじ 普通に働いたらもう日本では無理だと思うんだよね。スキルとか能力がある人であれば稼げるけど。でも、25歳くらいになるとスキルも能力もないことはもう証明されている。そこから一日8時間、月20日、時給1200円とかで頑張って働き続けてもたかが知れているから。結局、家賃に追われ続けるだけで老後は2000万円足りませんみたいなことになる。

ひろゆき うん。

ひげおやじ 現段階で老後の資金が2000万円でも足りないとすると、40年後とかになったら、足りない額がスゴいことになっていると思う。年金額がどんどん減っていくわけだから。そう考えると早めに有閑階級に行くほうが勝ち組な気がするけど。

ひろゆき なるほど。どこまで参考にするかは、その気持ち次第ということで。

ひげおやじ でも日本政府が、なるべく生活保護の人を増やさないで財政を健全化させたいと思っているのであれば、だんだん生活保護認定をするハードルを高くせざるを得ないと思う。今でも日本人の3分の1は年金生活者。それに加えて生活保護の人が増えていくとさすがに財政的にマズいので、早めに生活保護を受給したもの勝ちな気がするんだよね。

ひげおやじ　確かに。たぶん全員が生活保護を受給し始めると本当に国が傾くからどうするんだという。

ひろゆき　だから無能であることに自覚のある人は早めに申請していただいて。ということでございます。

ひげおやじ　無能の自覚のない無能のほうがヤバいよね。

ひろゆき　そういう人が僕は好きだな。そういう人って真面目な人でしょ。

ひげおやじ　無能の人は真面目ではないよ。

ひろゆき　なんで？　無能だけど別に不真面目というわけでもないじゃん。真面目な人はある程度言われたことをちゃんとやって、それなりに努力もするから無能にならないと思う。事実この投稿をした無職の人も経歴詐称をしているわけで。

ひげおやじ　本当だ（笑）。

ひろゆき　真面目ではないよね。基本無能の奴はたいていどこかヘンなのよ。

ひげおやじ　そっか。

ひろゆき　言われたことをコツコツ真面目にやれているとそれなりに社会の中でポジションを得られるから。そうなっていない時点でどこかがヘンなんだろうと。

ひげおやじ　いや、仕事に向いてないだけで、ちゃんとやれることはちゃんとやるんだよ。ただ無理を言われちゃうとできないけど。やりますと言ってしまったけど、できませんでした。おまえ、無能か！みたいな感じになって、つらくなっちゃうだけだと思う。

ひろゆき　僕が知っている無職はたいていどこかに欠点があるけどね。すごくいい人で真面目だけど無職です、という人はあんまり見たことがない。

CASE 26

ポライアスさん

年齢 29

無職歴 3カ月

性別 男

会社の業績が悪化し、希望退職制度に応じる。退職金がたくさんもらえたうえに会社のストックオプションも残したまま退職。しかも会社都合なので失業保険もすぐにもらえた。転職先も決まり、前職よりかなりの給料アップになったのでかなり幸せ。無職で時間があるので、イタリアに5日間、スペインとフランスに4日間旅行に行ったりダラダラ過ごしてもお金が入るのでかなり楽しい。一生この生活がいいと思った。1月から働くのでよかったらエールが欲しい。

ひろゆき　3カ月遊びほうけたけど、転職が決まっているから戻らなきゃいけないのか。

ひげおやじ　そうなんですよ。もうちょっとで失業保険も尽きるのかな？

ひろゆき　でも3カ月で戻るのは偉いね。失業保険は6カ月くらいもらえるはずなのに。

ひげおやじ　のんびりの足を延ばしてもらって……。

ひろゆき　みんな仕事を辞めた後に海外でぶらぶらすればいいのにやらないよね。休みを取らないで、すぐに次の転職先で働き始める人が多い。

ひげおやじ やっぱり、もしかしたら戻れなくなるかも……という怖さがある？

ひろゆき 人生一度きりじゃないですか。会社で働いてしまうと、普通1カ月休むことはできない。そうすると、まとまった時間が取れるのは、こういうタイミングくらい。長期の時間とお金があったら「僕は、私は、何ができるんだろう？」と考えて動いておいたほうが、人生はよくなる気がする。死ぬ前に「行ったことがないな」「行っておけばよかったな」と後悔するのと、「別にあれはそんな大したことなかったよね」というのであれば、僕は死ぬ前に後悔を減らしたほうがいいんじゃないかなと思う。

ひげおやじ だから僕もそれを理由に「ニコニコ．ｃｏｍ」をやったり。スペースシャトルの打ち上げを生で見に行ったり、ロシアのソユーズの打ち上げに立ち会ったり。あれはギャラはもらっていなかったけど、勝手にカメラを回していたりスイッチングをやらせてもらった。あれはかなり良かったですよ、経験として。

ひろゆき 「死ぬ前にこれをやっておきたかった」と思わないようにしようとするのは結構大事な気がするよね。

CASE 27

へなちょこちゃんさん

年齢 38

無職歴 7年

性別 女

最初は、過労とパワハラで退職してしょげていた。でも、あまりにも無職歴が続いたため、時間がたつにつれて開き直るしかなく「私は、労働から解放されたのだ！　わははははは！」と思うようになった。

でも、ちょっとだけ高い化粧水を1本だけ買いに行った時、平日の真っ昼間だったので、「お仕事は？」みたいなことを聞かれた。詳しくは覚えていないが、なぜ平日の昼間にすっぴんできたのか気になったようである。「無職です」と言ったところ、嫌な顔をされて私は腹が立つやらへコむやらして一気にしょげてしまった。

無職の敏感肌では、いつも安いものばかり使っているが、たった1本、ちょっとばかし高いものを買うのもダメなのか？　いやいや、定価で買っているし！　しかし、それも束の間。また再び、調子を取り戻してくると、「私は、労働から解放されたのだ！　わはははははは！」と思えるようになった。

そうは言いつつも不安はあり、将来はまだ何も決まっていない。なので、何の役に立つかはわからないが、とりあえず不安を解消するため、英語の再学習を毎日コツコツして継続日数は500日を超えた。無料のオンラインのものを使用しているが、最初があまりにも簡単すぎて、まだ高校レベルにはなっていない。早く高校レベルになりたい。

ひろゆき 英語学習を500日やって高校レベルにならないって……。どのレベルから始めたのよ。

ひげおやじ 小学生レベルから始めたんじゃないかな。最初に覚える「一つ」という意味である単語の「a」とか。

ひろゆき この人の間違いは、「無職です」という説明をしたところ。

ひげおやじ そうだね。

ひろゆき 「働く必要ないんですよ」と言えば、「さようでございますか」となるから。

ひげおやじ 一気に上級になるので。

ひろゆき 言い方の問題です。

ひげおやじ 確かに。これから無職になる方は「働く必要がないんです」というかたちにしていただければと思います。

ひろゆき　たぶん相手はどちらかに切り分けたいんだよね。要は、働かなくてもいい人なのか、ダメな人なのか。で、基本的に自信満々な人は「この人はひょっとして、お金持ち側かな？」と思われたりするんですよね。本当にお金持ちで働く必要のない人たちは「無職です」とは言わずに「ダラダラしています」とか「フラフラしています」とか言ったりするから。

ひげおやじ　確かにそれはあるかもね。

ひろゆき　お金持ちで働く必要のない人が自分のことを「無職」と言っているのを、僕は聞いたことがない。職がないのは一緒なんだけど、「無職」というキーワードを使う時点で、金持ちの振る舞いがわかっていない。

ひげおやじ　ひろさんは職業を聞かれたらどう答えるの？

ひろゆき　どこの国の人に聞かれるかによるかな。

ひげおやじ　日本人だったら？

ひろゆき　「なんかダラダラしています」。

ひげおやじ　でも、日本人ならほぼ全員がひろさんのことを知っているだろうから、聞かれることもないか。

ひろゆき でも、普通に家でゴロゴロしていたりしますよ。

ひげおやじ そうね。じゃ、アメリカとかだったら？

ひろゆき 「エンジニアです」と言うようにしています。接点がない人から「この人、ヤベえな」と思われないように。エンジニアと言われて、突っ込める人はほぼいないし。

ひげおやじ そうね。アメリカだったら「4chan」（※英語版の、2ちゃんねる）と言えばいいじゃん。

ひろゆき それを言うと、逆に面倒くさくなるから。

ひげおやじ おまえか！　ズドーンみたいな（笑）。

第六回「天下一無職会」特別編

ひげおやじ 今回は、第六回天下一無職会の特別編という体裁で進めていきたいと思います。

【名前】 おのけんさん
【年齢】 23
【性別】 男
【無職歴】 4カ月
【無職エピソード】

現在、子ども部屋おじさん。9月に半年留年した大学を卒業、2022年の3月から今日まで就職活動中。就活状況はこれまで43社に応募し、3社が選考中で40社はご縁なし。最終面接にはこれまで5社進んだものの結局は落ちてしまう。志望業界は特に定めずに、さまざまな業界・職種を受ける。

たくさん落とされ、正直自分が何をやりたいのかもよくわからなくなってきたが、来年の3月までは現在のやり方を維持。4月以降は、アルバイト（または契約社員）から正社員を目指せる職を探してみようと考え中。おすすめの職がありましたらご教授いただきたく。

ひろゆきさんやひげさんの配信を時々拝見すると元気をもらえる。ありがとう。

ひげおやじ　君の視聴者さんが来たよ。ということで、まだ無職ではなさそうだよね。

ひろゆき　23歳で留年しているけど、単に無能なだけかと。

ひげおやじ　違いますよ。勉強が好きだから。

ひろゆき　でも留年って1年じゃないの？

ひげおやじ　半期生とかじゃない？

ひろゆき　そっか。9月で卒業したけど、会社のほうで無能がバレたと。今は3社選考中だけど、これも落ちるんじゃないのかな。

ひげおやじ　今のところ就職活動中でまだ決まっていないと。

ひろゆき　無能だからしかたがないよね。

エンジニア採用のコツ⁉

ひげおやじ　でも、君はこういう新卒採用の面接とかを受けたことがないわけで。どちらかというと選考する側だと思うけど、ひろさんならどういう人を採る？

ひろゆき　仕事によるよね。経理の人だったら面白さは全然いらないけど。

ひげおやじ　プログラマーはどう？

ひろゆき　友達が少なそうな人かな。

ひげおやじ　それはなんで？

ひろゆき　友達の多いエンジニアにまともな奴はいないから。

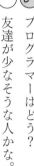

ひげおやじ　それはびっくりするくらい偏見だよ。

ひろゆき　人間付き合いが楽しいと感じる人は、コンピュータに向き合う面白さがやっぱり少ない気がするの。どうでもいいＳＩｅｒ的な仕事だったら誰でもいいんだけど。

ひげおやじ　どうでもよくないんだけど。

ひろゆき　例えば、少しでもシステムをよくする場合って、調べることがめちゃくちゃある。ほかにも、アルゴリズムを追究したいとか、コードを一行でも短くしたいとか。アクセス数を解析するとかCPUの使用率をどう見るとか。メモリの利用率を見るとか、このミドルウェアのバージョンはこちらのほうが効率いいとか。そういうことは好きじゃないと追究できないんだけど、友達が多い奴にそんな暇はないから。

ひげおやじ　確かに調べようと思ったら、友達付き合いに割いている時間がないくらい、いくらでも探究できちゃうもんね。

ひろゆき　もちろん友達付き合いができる能力があるかどうかは別の話です。でも、コミュ力は高いんだけど友達付き合いよりコンピュータを触っていることが好きな人のほうが、やっぱり結果を出すんだよね。

ひげおやじ　なるほど。

ひろゆき　土日などの仕事がないときに、「新しい言語とか最近ミドルウェアがはやっているから入れてみよう」と遊んでいるような人は、やっぱり情報量が多いのよ。だからデートをしてるようなやつはダメだよ。

ひげおやじ　趣味の延長でプログラムを書く人が強いのは事実。正直、「これは仕事じゃないですよね。じゃあ、やりません」みたいな技術職の人とは、どんどん差が開いていくよね。

ひろゆき　だから女性エンジニアは、やっぱりダメなんだよね。だってモテちゃうから。

ひげおやじ　ああ、そうか！

ひろゆき　不細工ならいけるの。

ひげおやじ　いや、そんなことないよ。どんな人でも引く手あまただから。

ひろゆき　そのフォローは間違っている気がする（笑）。

無職になる裏技

【名前】なりたてほやほや無職さん

【年齢】33歳
【性別】男
【無職歴】3カ月
【無職エピソード】

憧れの無職になりたい！

この放送を聴いている無職予備軍の方々のために、私が行った自己都合退職でも待機期間なしで給付を受ける方法をお伝えする（通常は2カ月の待機期間中はもらえない）。

まず働いている会社を月末で辞める。辞めるまでの間に翌月から1カ月短期の派遣アルバイトをネットから探す。ワクチン接種会場などがおすすめ。高時給であることや、今しかないと思うので将来の話の種にもなる。

1カ月間短期アルバイトをこなし、その後、派遣会社から離職票をもらう。この際、発行される離職票では、退職理由が契約満了になり待機期間がなくなる。

私はこの方法を使い、11月から働かず、前職の有休買い取り、派遣アルバイトで得た収入で旅行を楽しむ日々。白浜の『アドベンチャーワールド』で見たマレーバクの赤ちゃん、かわいかった。

ひろゆき　そんな裏技があるんだ！

ひげおやじ　これの整合性に関してはみなさんのほうでご確認いただきたいですが、確かになんかいけそうな気もする。

ひろゆき　普通は自己都合退職だと待機期間があるけど、これは働いて契約満了になっているから面白いね。

ひげおやじ　契約満了はいいという、手練れの無職の方がいました。

ひろゆき　この人は優秀だね。しかも情報量が多かったし。そんな手があるんだね。

ひげおやじ　全然知らなかった。まあ、僕がこれをやることはないと思うけどね。

ひろゆき　普通は待機期間の無収入が怖いから転職して働いちゃうもんね。

ひげおやじ　ひろさん、閃いたよ。うちの会社も短期募集をしようぜ。

ひろゆき　あはは。1カ月でピシッと。

ひげおやじ　ピシッと切っちゃう（笑）。

ひろゆき　いやぁ、無職会が役に立つこともあるんだね。

ひげおやじ　クオリティ・オブ・ライフが上がりますね。

ひろゆき　無職力が高くなりたいなら、まずは無職になってみようと。

ひげおやじ　無職になるための武器を使うということですね。

おわりに

ひげおやじ

本書を手に取っていただき、ありがとうございました！

1995年から（部分的にではありますが）インターネットが定額で使い放題となるサービス「テレホーダイ」が始まり、それに連動するかのように日本でもインターネットが爆発的に普及し始めたあのころ。

一部の界隈で一大勢力として猛威を振るっていたのが、本書で紹介したような無職の方々でした。そんな無職の方々は、インターネット上で自由を謳歌し、多くのインターネットカルチャーを生み出してきました。

立場や上下関係のないインターネットの世界では、ユニークな発言や常人では到底なしえない行動が脚光を浴び、それがどんなに非生産的でバカバカしいことであっても称賛されました。

そういった意味では初期ネット界において無職が活躍したのは、必然だったのかもしれません。

しかしインターネットがさらに普及し、老若男女を問わずインターネットを利用するようになってからは、インターネット空間は「あちら側の世界」から「世間」となり大衆化。主義主張はマイルドさを求められ、匿名文化は窮乏の危機に瀕し、正義感が跳梁跋扈してきました。

多くの人が利用するサービスというのは、世間一般でいう〝真っ当なもの〟になっていくのが普通のことだと思っています。

でも、当時を知る人間からすると若干居心地の悪い世界へと変貌してきたかな、と感じる部分もあったりします。もちろん、僕や彼らが〝悪いことをしたい〟と考えているという話ではありません。多少、常識外れと言われようが、バカバカしいと思われようが、純粋に面白さを評価する基準軸を忘れず大切にできればなぁ……ということです。

「天下一無職会」を実施しようと思ったのも、そんな気持ちをいま一度抱いてもらいたいからです（正確に言えば、そんな当時の気持ちをいま一度〝自分が〟味わいたいと思ったから）。

そして、大変恐縮ながら無職ライフを満喫している方々から参考例をご提供いただき、その実態を知ることで、閉塞感にさいなまれ、極端に言ってしまえば〝追い詰められている〟方々に、もっと自由に、もっと解放された気持ちで生きてもらえたらなと願っているのです。

どれが正しいかなんて僕にはわかりませんが、「こんな生き方もアリじゃない⁉」という感じで本書の考えが普及し、その結果、誰かしらが苦しみから解放されるのであれば最高です。

そのためにも本書を起点として、一般化の波に呑まれることでインターネットの世界から奪われてしまった無職の輝きを、今度は現実の世界にもっていこうじゃないですか。「天下一無職会」で得た集合知を武器に、自由でユニークな発想を強みとして現実に打って出る。

この途方もない計画を遂行するには多くの時間が必要となるかもしれません。

でも、大丈夫。だって無職の時間は無限ですから。

無職にもっと光を！　そして叶うならば生活保護というライフラインを得てさらなる高みへ！

「天下一無職会」でも紹介した20歳の文豪（無職）の言葉を借りれば、高みに上った我々こそが〝上で待っている〟存在になり得ることを願いつつ。

巻末特典

生活保護申請マニュアル

教えていただいたのは…
藤田孝典先生
社会福祉士
特定非営利活動法人ほっとプラス 理事
聖学院大学心理福祉学部客員准教授

生活保護申請はどんな人が利用できる？

- 持ち家や車があっても、若くても、どこに住んでいても、申請はできます。
- 少しの収入や貯金があっても、申請はできます。
- 生活が厳しい場合にも申請できます。

…

つまり、すべての人が申請することは、できます。

※世帯単位により申請できます。

※ひとり暮らしなら「ひとり」、ふたり暮らしなら「世帯」で申請します。
事情により本人が申請できない場合は、
家族や弁護士が代理で申請することも可能です。

申請から決定までの流れ

本書では、スムーズに手続きを行うために、先に申請意思を伝えてから、面談・相談を行うことを推奨しています。

※申請から決定までは、14日～30日以内に行われます。実際の申請に必要な手続きは、窓口で確認してください。

1 申請

「福祉事務所」で申請手続きをします。
以下の書類が必要ですが、状況によっては書類がない場合でも申請は可能です。

1. 生活保護申請書
2. 一時扶助申請書
3. 資産申告書
4. 収入・無収入申告書

2 面談

相談員と面談します。
健康状態や生活に困った事情、これまでの職歴、今後の希望などを話します。

3 調査

■ 訪問調査

ケースワーカーがアパートや宿泊先へ訪問し、あなたが住んでいるかどうかの確認を行います。

■ 資産調査

貯金など資産の状態を調べます。

■ 扶養照会

役所があなたの三親等までの親族に確認を行います。

＜扶養照会とは＞
生活保護申請後、福祉事務所があなたの親族に「○○さんの援助は可能か？」といった趣旨の確認を行うことです。
状況によって扶養照会を拒否することも可能です。
また、扶養照会があっても、援助する・しないは親族の方の自由です。

4 決定

■ 開始の場合

申請日にさかのぼって、その月の保護費が支給されます。
「保護開始決定通知書」をもらってください。

■ 却下の場合

保護費は支給されません。
「保護却下決定通知書」をもらってください。

＜審査請求＞
決定について不服のある場合は、都道府県知事に対して「審査請求」を行なうことができます。
具体的な方法は、法律家や支援団体にご相談ください。

申請時 想定問答集

事務所

生活保護の
相談ですか?

→ **あなた**

生活保護の
申請にきました

事務所

まだ働ける
若い人は
申請できません
先にハローワーク
へ行ってください

→ **あなた**

申請してから
ハローワークに
行きます

事務所

健康な人は
申請できません

→ **あなた**

健康でも生活に
困っていたら
申請できる
はずです

事務所

借金があったり
お金がない人は
申請できません

→ **あなた**

それは
申請してから
調査の上で
決定してください

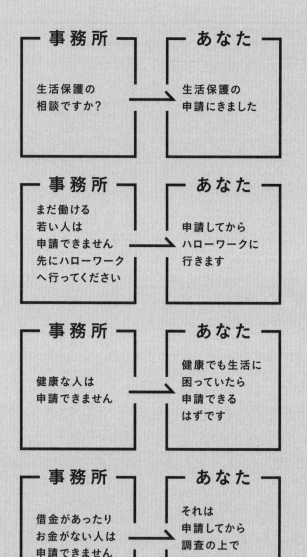

事務所

今日は
混んでいるので、
また明日
来てください

→

あなた

今日
申請しないと
困るので
待っています

事務所

ホームレスの
人は
自立支援
センターへ
入所してください

→

あなた

私は自立支援
センターを
希望しません。
生活保護の
申請をします

事務所

申請しても
すぐに支給は
できないですよ

→

あなた

生活に困っている
のでなるべく早く
決定してください。
生活費の貸し付け
もしてください

事務所

現住所が
不定の方は
以前に住んでいた
自治体で
申請してください

→

あなた

住所不定の場合は、
どこでも申請
できるはずです

著者略歴

ひろゆき
(西村博之)

1976年生まれ。東京都北区赤羽で育つ。1996年、中央大学に進学、在学中にアメリカ・アーカンソー州に留学。1999年、インターネットの匿名掲示板「2 ちゃんねる」を開設し、管理人になる。2005 年、株式会社ニワンゴの取締役管理人に就任し、「ニコニコ動画」を開始。2009年に「2 ちゃんねる」の譲渡を発表。2015年、英語圏最大の匿名掲示板「4chan」の管理人に。2019年、「相手の人格を否定すること」を禁じた新たなSNSサービス「ペンギン村」をリリース。YouTubeのチャンネル登録者数は160万人、X(旧Twitter)のフォロワー数は249万人(いずれも2024年5月1日現在)。

主な著書に、『論破力』(朝日新書)、『1%の努力』(ダイヤモンド社)、『僕が親ならこう育てるね』(扶桑社)、『日本人でいるリスク』(マガジンハウス)などがある。

ひげおやじ

1977年生まれ。Webディレクター。ニュースサイト「ガジェット通信」の副編集長。国内動画サイトで数々のWeb番組を手掛け、制作したライブ配信の累計再生数は1億回を超える。ひろゆき氏とは20年来の仲。YouTubeのチャンネル登録者数は26万9000人、X(旧Twitter)のフォロワー数は13万6000人(いずれも2024年5月1日現在)。自称「世界で一番忙しいニート」。近著に『プラマイゼロの生き方』(repicbook)がある。

STAFF

デザイン　小口翔平＋青山風音＋嵩あかり(tobufune)
カバー写真　杉原光徳(ミドルマン)
DTP　ディアグルーヴ
校閲　聚珍社　小西義之
編集協力／ライティング　杉原光徳、渡辺大樹(ミドルマン)

あたらしい生き方

発行日　2024年6月28日　初版第1刷発行

著者　ひろゆき(西村博之)　ひげおやじ
発行者　秋尾弘史
発行所　株式会社 扶桑社
〒105-8070　東京都港区海岸1-2-20　汐留ビルディング
電話　03-5843-8843(編集)
03-5843-8143(メールセンター)
www.fusosha.co.jp
印刷・製本　サンケイ総合印刷株式会社

ISBN978-4-594-09675-5